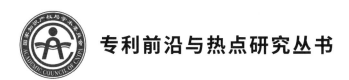

专利前沿与热点研究丛书

U0518850

专利开源战略与风险防控

国家知识产权局学术委员会◎组织编写

知识产权出版社

全国百佳图书出版单位

—北 京—

图书在版编目（CIP）数据

专利开源战略与风险防控/国家知识产权局学术委员会组织编写. —北京：知识产权出版社，2024.1

ISBN 978 – 7 – 5130 – 8954 – 8

Ⅰ.①专… Ⅱ.①国… Ⅲ.①专利权—研究 Ⅳ.①D913.04

中国国家版本馆 CIP 数据核字（2023）第 201391 号

内容提要

本书从专利开源的现状与模式、专利开源项目的专利分析、专利运用及开源战略、专利开源风险分析及防控措施等方面对专利开源这种新兴的专利运用方式展开阐述，篇幅精练、结构严谨、逻辑顺畅，为读者系统性、立体化地呈现了专利开源之全貌，并对实践中如何实施专利开源战略及应对相关风险给出了可操作性建议。

责任编辑：卢海鹰　王瑞璞　　　　　责任校对：潘凤越

封面设计：杨杨工作室·张冀　　　　责任印制：刘译文

专利开源战略与风险防控

国家知识产权局学术委员会　组织编写

出版发行：知识产权出版社有限责任公司　　　网　　址：http://www.ipph.cn

社　　址：北京市海淀区气象路 50 号院　　　邮　　编：100081

责编电话：010 – 82000860 转 8116　　　　　责编邮箱：wangruipu@cnipr.com

发行电话：010 – 82000860 转 8101/8102　　发行传真：010 – 82000893/82005070/82000270

印　　刷：三河市国英印务有限公司　　　　经　　销：新华书店、各大网上书店及相关专业书店

开　　本：787mm×1092mm 1/16　　　　　印　　张：7.75

版　　次：2024 年 1 月第 1 版　　　　　　　印　　次：2024 年 1 月第 1 次印刷

字　　数：175 千字　　　　　　　　　　　　定　　价：68.00 元

ISBN 978 – 7 – 5130 – 8954 – 8

编委会

前　言

专利开源是专利运用的一种方式，具体是指专利持有者在特定条件下以零使用费的方式将所持有专利的部分或者全部权利允许不特定人实施，以构建目标专利生态。本书针对专利开源这种新兴的专利运用方式，从企业调研、专家咨询、资料收集入手，在已有成果的基础上，归纳总结了专利开源的定义与内涵。通过对目前具有行业代表性的 16 个专利开源项目进行深入分析，梳理出专利开源的 5 种模式。

在专利开源战略方面，本书结合专利分析与风险分析，提出了企业层面的专利开源战略；从行业与技术特点出发，发现适合专利开源的行业，并从组织管理等多个角度提出了行业层面的专利开源战略，发挥知识产权的创新驱动作用；通过与多种专利运用形式的对比，确定了专利开源是传统专利运用形式的一种有益补充，并从完善政策、优化环境、健全体系三个角度提出了国家层面的专利开源战略。

在专利开源风险防控方面，本书针对开源项目架构与开源协议特点进行分析，识别出企业层面的专利开源风险，借鉴国际开源管理标准制定企业专利开源风险防控体系，提出具体的企业风险防控措施；从专利开源对行业的影响出发，分析行业层面的专利开源风险，并给出具有行业特点的风险防控建议；最后依据我国现有的专利制度与相关法律制度，分析专利开源对我国专利制度的影响，并针对出口管制、司法管辖、法律救济等方面的风险给出相应的防控建议。

本书的顺利出版离不开社会各界一如既往的关心和支持，凝聚着业界的汗水和智慧。希望本书能够为国内业界在今后考量是否需要专利开源、如何进行专利开源等关键问题时提供有益借鉴。由于研究人员水平有限，书中难免有纰漏之处，所涉及的数据分析和结论建议仅供读者参考。

编委会

2023 年 10 月

课题研究团队

一、项目管理

国家知识产权局专利局：张小凤　马　欢

二、课题组

承 担 单 位：国家知识产权局专利局专利审查协作天津中心

课题负责人：岳宗全

课题组成员：刘　琳　夏　鹏　王　琳　曹丽冉　张丽娜　王明芳

　　　　　　　王　欣　胡瑞娟　王　宇

三、研究分工

数据检索：曹丽冉　张丽娜　王明芳　王　欣　胡瑞娟　王　宇

数据清理：张丽娜　王明芳　王　欣　胡瑞娟　王　宇

数据标引：张丽娜　王明芳　王　欣　胡瑞娟　王　宇

图表制作：张丽娜　王明芳　王　欣　胡瑞娟　王　宇

报告执笔：夏　鹏　王　琳　曹丽冉　张丽娜　王明芳　王　欣

　　　　　　胡瑞娟　王　宇

报告统稿：夏　鹏　曹丽冉

报告编辑：张丽娜　王明芳

报告审校：岳宗全　刘　琳

四、报告撰写

夏　鹏：主要执笔第1章第1.1节、第2章第2.3节、第4章第4.3节

王　琳：主要执笔第4章第4.4~4.5节

曹丽冉：主要执笔第1章第1.2~1.4节、第4章第4.1~4.2节

张丽娜： 主要执笔第 2 章第 2.1 节、第 2.4 节，第 5 章第 5.1 节

王明芳： 主要执笔第 3 章第 3.1 节、第 3.3 节，第 6 章第 6.3～6.4 节

王　欣： 主要执笔第 2 章第 2.2 节、第 6 章第 6.1～6.2 节

胡瑞娟： 主要执笔第 3 章第 3.4～3.5 节、第 5 章第 5.2 节

王　宇： 主要执笔第 3 章第 3.2 节、第 3.6 节，第 5 章第 5.3～5.4 节

目　录

第1章 绪 论

专利作为一种无形财产，效能是以激励理论为前提，赋予创造性成果一定的垄断权利，鼓励创新，保护权利人权益。随着越来越多专利开源现象的出现，"开源"的理念也逐渐为人所接受。本章重点梳理专利开源的研究背景和研究意义，通过对专利开源发展过程的分析和探讨，确立研究内容和研究方法，并提炼出研究的创新点。

1.1 研究背景及问题的提出

1.1.1 研究背景

开源，英文为 Open Source，即开放资源，最早源于计算机软件的开放使用。Linux 是第一个采用开放软件源代码的软件协作计划，一经出现便使得"开源"一词成为软件界最为火热的名词之一。很多企业都在以某种形式使用开源软件来减少开发时间，有力促进了软件行业的快速发展。开源软件追求的是自由共享，而专利对技术提供专有保护，二者在软件技术的发展历史中相互碰撞，甚至对立。在软件技术飞速发展的过程中，开源软件不可避免地与专利权交织在一起，并在既定的规则下按照各自的方式推动着软件的发展。软件企业在参与软件开源的同时，也在利用专利保护自己的技术创新，维持核心竞争力。随着软件开源的发展，对于软件中专利等知识产权的开源需求逐渐凸显，进而逐渐延伸到专利领域。专利的开源即是开源理念应用到专利的一个具体表现形式。

最具影响力的是 2005 年成立的专利开源组织 OIN（Open Invention Network）。OIN 社区以免费的形式进行 Linux 系统相关专利的许可授权，从而对核心 Linux 技术和相关的开源技术实施专利保护。OIN 社区支持开源软件（OSS）关键元素 Linux 的自由开发环境。OIN 成立时获得了谷歌、IBM、NEC、飞利浦、索尼、SUSE 和丰田等业内企业的大力支持，已有 3000 余家会员，拥有超过 270 万件专利申请，超过 3700 个 Linux 和核心开源技术包的专利交叉许可。OIN 专利许可和会员的专利交叉许可对所有 OIN 社区会员免费开放。阿里巴巴、腾讯、华为、中国银联、蚂蚁金服、京东、海尔、美团点评等 128 家中国企业已经加入 OIN 社区。OIN 的成立为专利开源提供了有效的参考，促进了专利开源的发展。

最具轰动效应的则是电车厂商特斯拉。2014 年 6 月 12 日特斯拉 CEO 伊隆·马斯克（Elon Musk）宣布将开放特斯拉的所有专利技术，其官网《我们所有的专利属于你》（*All Our Patent are Belong to You*）文章宣称："我们本着开源运动的精神，开放了我们的专利，目的是推动电动汽车技术的进步……任何人如果出于善意想要使用特斯拉的技术，特斯拉将不会对其发起专利侵权诉讼。"此举为特斯拉赢得了来自业界的诸如"颠覆""史无前例""有勇气的创举""值得尊重"等评价和赞誉。这是将专利开源从软件专利开源应用到其他领域最有影响的案例，也让专利开源这一创新的专利运用模式引起了广泛的关注，越来越多的产业和企业也开始寻求所在领域的专利开源的可能性。如2021年4月22日为开发低碳技术的创新者提供免费的专利使用权，旨在帮助应对气候变化而发起的Low - Carbon Patent Pledge、涉及环保的Eco - Patent Commons（环保专利共享）、生物领域的BIOS项目等。

1.1.2 问题的提出

专利开源项目的广泛发展，也带来了一些思考。专利开源与传统专利运用在理念上有着很大的不同：传统专利运用是建立在专利的排他权基础之上的，强调的是对创新技术的独占以构建技术与竞争壁垒，专利开源却是强调专利公开透明、协作参与以及面向社区。两者理念的差别自然会带来一些疑问，例如专利开源放弃了对技术的独占，是否会对现行以排他权为核心的专利保护制度带来冲击？

专利开源并非出自制度性安排，完全属于当事人的自发行为，权利义务取决于开源协议。面对完全自发的运作方式，相关政策与制度上存在哪些空白点，创新主体又该如何应对？企业付出大量精力和金钱来获取相关技术的专利权，但又提供给他人甚至竞争对手免费使用，那么在专利开源的背后，企业有怎样的真实诉求，使用者又会面临怎样的风险？当前专利开源已经开始运用于某些行业，并引起了业内的关注，那么这些专利开源项目是否有利于相关行业的发展，是否会影响行业的竞争格局？这些已经成为目前亟须研究的重大问题。

1.1.3 研究意义

在国家保护层面，国家高度重视开源生态的建立和完善。2021年9月，国务院印发《知识产权强国建设纲要（2021—2035年）》，强调要完善开源知识产权和法律体系，国家知识产权局将开源知识产权保护相关问题研究纳入2022年主要工作计划中；在行业发展方面，2021年11月，工业和信息化部印发《"十四五"软件和信息技术服务业发展规划》，提出要加快繁荣开源生态，提高产业聚集水平，可见开源作为一种产业生态的发展模式，正在开辟产业竞争的新赛道；在企业运用方面，国内越来越多企业已经或考虑加入专利开源项目，对于开源知识产权的运用存在迫切的需要。但是，目前我国对于开源知识产权特别是专利开源的研究相对较少，针对如何运用专利开源战略推动专利开源生态建立、完善、促进产业技术发展还未开展系统研究，专利开源过程中存在哪些风险以及如何防控也还不够明确。

研究专利开源，一方面可以丰富相关的理论研究，完善我国的相关专利制度和专利政策；另一方面可以从国家、行业和企业三个层面提出开源战略，给出相应的风险防控措施，对于促进产业、企业的发展具有重要的现实意义。

本书以世界范围内的代表性开源项目为研究对象，开展项目分析和专利分析。通过系统分析国内外代表性创新主体的专利开源情况，探索专利开源背后的真实诉求，归纳专利开源模式，从多个层面提出专利开源战略，评估专利开源风险，并给出风险规避措施。这在实现专利价值的高效转化、促进技术和产业进步、强化专利制度优势等方面具有重要的意义。

1.2 国内外研究综述

对于专利开源，有学者❶认为，开源理念秉承开放共享、协作开发和自由传播精神，倡导开放、协作、自由和平等，开源模式一方面可对专利权人的知识产权提供保护，另一方面也不阻止公众获取和使用专利。2013 年，Ziegler 等❷在关于企业为什么免费开放其所拥有专利的讨论中指出，专利开源是一种专利捐赠，其理念是专利所有者将专利捐赠给非营利组织，如大学和其他研究机构，原专利权人将包括所有义务在内的整个专利权转让给接受方。通过捐赠专利，原始专利所有者可以获得税收优惠和较低成本。2014 年 6 月，特斯拉的专利开源引起业界广泛热议，❸ "谈到开源，不得不谈专利。专利是发明者保护其发明创造的最重要的武器，而开源，则意味着不设防，意味着发明者花费时间、精力、金钱才获得的独有的技术专利将不再为其带来利益，任何人都可以拿这些开放的专利做任何事。"关于特斯拉为何开放其专利的讨论众说纷纭，多方面的观点主要集中在以下两个方面❹：一是电动汽车市场尚不成熟，在整个汽车行业中所占比重还比较低，通过专利开源共享特斯拉自己的专利技术，让还没有掌握关键技术的汽车厂商快速进入研发试制阶段，吸引更多大型厂商加速产品研发和扩大产能规模，推动电动汽车市场发展。二是通过专利开源提高其技术普适性，以在行业未来发展中占据优势。对于处在起步阶段的电动汽车行业而言，各厂商的市场标准不统一，尤其在电池技术和充电技术方面存在较大差异，通过专利开源吸引其他厂商采用特斯拉专利技术，纳入特斯拉构建出的 "共同技术平台"，最终会提高特斯拉技术标准的普适性，以使特斯拉能够继续保持现有的技术优势和规模优势。此外，特斯拉通过 "开放专利"来实现品牌营销，吸引更多的资金、优秀人才、尖端技术涌入特斯拉，提高特斯拉的影响力、科研实力和资金保障力。

对于如何界定是否为专利开源，以及专利开源与专利开放许可之间的区别，例如特斯拉与丰田开放专利的方式，业界也有讨论。特斯拉使用默认许可规则，只要满足开源规则的 "任何善意使用"，不需特别申请；而丰田要求单个协商，确定许可条款，

---

❶ 付娜. 开源模式相关知识产权问题研究 [J]. 电信网技术，2017（1）：1-3.

❷ Ziegler N, et al. Why do firms give away their patents for free? [EB/OL]. World Patent Information (2013), [2013-12-02]. http：// dx. doi. org/10. 1016/j. wpi. 2013. 12. 002.

❸ 搜狐 IT. 当特斯拉宣布开源时你看到了什么？[J]. 信息与电脑（理论版），2014（5）：8-9.

❹ 参见：https：// mp. weixin. qq. com/s/4IokMW6UicickFbe_ i86wA.

并且会"请求"但不"要求"使用方对丰田提供互惠性专利使用，对非交通领域的燃料电池使用则需要进行个案评估。也就是说，丰田的许可规则控制权要强于特斯拉的许可方式，这恰恰是专利开源与专利免费开放的基本区别。

关于如何平衡专利权的垄断性与专利技术开放共享之间的矛盾，也有现有的模式可以参考。例如，为了缓解 OSS 的使用者可能存在侵犯软件专利权的风险，在 Linux 基金的支持下，专利共享（Patent Commons）聚集了 500 件由 16 个不同的专利权人提供的专利，技术使用者可以通过专利名称、摘要、类型等进行检索，找到感兴趣的专利。平台上对于所有专利都给出了不对使用者主张专利权的承诺和相应的许可协议条款，通过提供第三方易获取的、公开的专利许可协议，专利技术的许可使用更简便，避免了软件使用者可能产生侵犯专利权的风险，促进了技术转移和实施。❶

专利开源目前也应用到一些新兴技术和环保技术中，例如《生物银行运作中的知识产权问题探析》❷ 中提到，开源专利致力于促进专利权人作出开源许可（"open source – style"licences）。澳大利亚研究机构 CAMBIA 在 2005 年组织建立了 BIOS 项目，主要目的是保护生物技术的获取并促进其发展。BIOS 规定项目内的专利技术都可以非排他地许可给所有商业或者非商业目的使用者使用，其条件是被许可人就其在上述许可技术上的改进技术反向许可给 BIOS 的所有成员。

在环保领域，IBM、诺基亚（Nokia）、必能宝（Pitney Bowes）和索尼（Sony）联手世界可持续发展工商理事会（World Business Council for Sustainable Development，WBCSD，一个应对综合气候、自然和不平等可持续发展挑战方面面临的障碍和机遇的全球性社区）于 2008 年 1 月推出的一项专利共享计划 The Eco – Patent Commons，利用环保技术的特性建立起私人自愿捐赠机制，在促进技术创新的同时实现有效的专利技术转让。《绿色专利联盟构建研究》❸ 中也提到"绿色专利联盟参照开源软件的实践经验，由私人企业自愿贡献其专利，从而为社会大众提供免费的绿色专利技术"，"在开源许可模式下，专利权人不阻止他人使用、改进和传播专利技术，以完全或有条件的方式进行开源许可，而使用者承诺以同样的条件与其共享技术进展。"

1.3　研究内容与研究方法

1.3.1　研究内容

本书主要包括以下六章。

第 1 章"绪论"，介绍了专利开源的研究背景、研究的必要性和研究意义，对国内外关于专利开源的介绍进行了梳理，概括全书的研究内容和研究方法，明确了本书的创新点。

❶ 陈琼娣. 共享经济视角下的专利开放许可实践及制度价值［J］. 中国科技论坛，2018（11）：86 – 93.
❷ 伍春艳，焦洪涛，范建得. 生物银行运作中的知识产权问题探析［J］. 知识产权，2015（3）：63 – 69.
❸ 屈凌鹭. 绿色专利联盟构建研究［D］. 郑州：河南大学，2016.

第 2 章 "专利开源的现状与模式"，对世界范围内 16 个具有行业代表性的专利开源项目进行研究，通过对专利开源项目的基本情况、参与方式、开源协议条款、开源项目各方的权利与义务等内容进行分析，得出创新主体或组织对于专利开源的不同目的与诉求，从而给出专利开源更为准确的定义，并归纳总结开拓模式、聚集模式、防御模式、公益模式和转化模式这五种专利开源模式。

第 3 章 "专利开源项目的专利分析"，通过对 5 个代表性项目 4000 余件专利进行分析，确定了影响力与可持续性、开源项目专利的地域分布、技术领域分布、专利价值度等 6 个可以衡量开源项目价值的专利分析角度，为企业是否加入专利开源项目，或者如何构建专利开源项目等提供决策依据。

第 4 章 "专利运用及开源战略"，对专利开源与不同专利运用方式进行分析对比，重点分析了专利开源与专利开放许可之间的差异，并根据专利运用方式的基础理论性研究，从企业、行业和国家三个层面对专利运用战略提供相应建议。

第 5 章 "专利开源风险分析及防控措施"，从企业、行业和国家三个层面对专利开源存在的风险进行分析，并提出针对性的风险防控措施。对于企业面临的法律风险和技术风险，需要制定企业专利开源风险防范体系，对专利开源进行评估、决策、管理和跟踪。对于行业面临的风险，需要加强核心关键技术的自主研发，确立健全自律性约束机制，针对中小企业提供风险应对指导和维权援助。对于国家面临的风险而言，需要构建更加完善的进出口管制机制，进一步完善司法保护体系，营造尊重知识、诚信守法、公平竞争的知识产权人文环境。

第 6 章 "结论与建议"，对于全书内容进行归纳总结，提出四项创新性研究成果。在理论成果方面，明确了专利开源的定义及其价值定位；在实践成果方面，从国家、行业和企业三个层面给出发展建议，推动专利开源在我国的具体实践。

1.3.2　研究方法

合适的研究方法是一项研究获得成功的关键。本书综合运用比较分析法、案例分析法等基本研究方法，对于专利开源战略及风险防控进行了深入的剖析。

（1）调查研究法。调查研究法是最常用的研究方法。本书根据调研目的，制订调研计划，形成调研提纲，选取涉及互联网、新能源汽车等领域的多家企业开展深入调研，整理调研资料，形成书面调研报告，进一步提高研究的针对性和实操性。

（2）案例分析法。案例分析法是一种常用的定性研究方法，通过对现实中某一或某些具体案例进行深入和全面的考察，对不同案例进行共性和个性分析，有助于发现研究主题的本质和发展规律。本书通过对世界范围内的 16 个专利开源项目从开源目的、组成形式、许可对象范围、技术领域限制、协议类型、许可承诺、许可期限、协议条款、风险等具体维度进行案例分析，分析不同开源项目背后的开源诉求，为本书的 5 种开源模式打下研究基础。

（3）比较分析法。比较分析法是对两个或几个有关的可比较内容进行对比，进而揭示差异和矛盾的一种方法。本书从内涵、组织形式、目的作用、法律效力、政府参与、诉求、风险、限制性、比较优势和适应情况等角度来分析专利开源与其他专利运用方式的异同，最终明确了专利开源在专利制度中的价值定位。

（4）模型评估法。模型评估法通过构建合理模型给出定性或定量评估结果。本书在对专利开源项目进行专利分析时，构建专利价值度模型，对于 5 个典型专利开源项目的 4000 余件专利进行价值分析，给出专利价值评分，用于更好评估开源项目和具体专利的价值，从而为创新主体构建和加入开源项目提供决策建议。

1.4 本书创新点

本书的创新点主要有以下几个方面。

（1）综合开源理念与专利开源实践，归纳专利开源特点，完善专利开源定义。专利开源项目是有条件的开源，一般通过开源协议来限制专利使用者的权利和义务；专利开源项目是将专利许可给不特定的个体，具有足够的开放性；专利开源项目免除许可费用，以免费形式去构建有利于自身专利生态。基于以上特点，本书完善了专利开源的定义：专利开源是一种专利运用的方式，具体指专利的持有者在特定条件下，以零使用费的形式将所持专利的部分或者全部权利交予不特定人实施，以构建目标专利生态。

（2）通过理论和实践分析，明确了专利开源的价值定位。专利开源是构建在已有专利制度下的新的专利运用方式，可以对市场开拓、技术聚集、产品防御、社会公益和专利转化的诉求发挥独特的作用。现有的专利制度是专利开源的基础，为专利开源的有序运行提供了基本保证，专利开源不会对现有的专利制度构成挑战；专利开源的核心在于构建专利生态，与专利开放许可既有联系又有不同，在构建专利生态方面，可以作为专利开放许可制度的有效补充。但是开源专利运行环境与战略还不够完善，风险尚未得到充分认识与治理，因而研究成果应用要着眼于专利开源知识产权制度的完善、产业的运用与风险的治理。

（3）深入分析多个开源项目，挖掘专利开源背后的不同诉求，归纳出 5 种不同的专利开源模式。具体来说，开拓模式是在市场形成的初期，希望通过专利开源迅速打通产业链，做大市场；聚集模式是当存在多条技术路线时使用，通过专利开源将其他企业研发方向聚集到特定的技术路线上，形成竞争优势；防御模式是针对平台类产品，通过专利开源使平台类产品免受专利诉讼的侵扰；公益模式是通过开源某些绿色环保相关的专利技术，来实现公益目的；转化模式是通过专利开源这种形式，促进专利成果的转化与利用。

（4）从国家、行业和企业三个层面提出专利开源战略，梳理专利开源的风险及相应的防控措施。从国家层面，提出优化开源环境、健全开源服务与保障体系的措施，繁荣国内开源生态；建议通过立法、司法解释以及司法判例进一步完善国内开源法律法规，提高我国在全球开源体系中的抗风险能力。从行业层面，通过专利开源与行业特点适配程度的分析，挖掘适合重点培育的开源领域与开源项目；提出行业层面的风险防控措施，提高行业内专利开源自主可控水平。从企业层面，提出专利开源项目构架指引与加入指引，帮助企业提升专利开源运用能力；提出企业专利开源风险防控规范，应对专利开源运用过程中存在的风险，提高企业开源治理能力。

第 2 章　专利开源的现状与模式

2.1　专利开源的定义

2.1.1　内　涵

目前在业内没有统一的专利开源定义，本书尝试从两方面来厘清专利开源的定义：一是开源理念，二是已有的专利开源实践。

如前文所说，开源理念最初来自软件开源。国际组织 OSI 给出了软件开源的 10 个要素条件，如果不考虑其中对于软件源代码密切相关的部分，版权与专利权通行的开源理念可以概括为以下四个方面：一是免费，使用者不但可以免费获得相关权利的直接使用权，而且可以不受限制地使用和分发其衍生产品；二是无歧视，既包括对使用者的无歧视，也包括对使用领域的无歧视；三是可修改，使用者可针对相关权利的载体进行改进，并以相同的条件分发自己的成果；四是面向社区，即通过前述三者构建一个可以不断提供新技术、促进技术迭代的社区群体。

但就如同并非所有的软件开源项目会完全遵从 OSI 的开源定义一样，专利开源项目也并非会完全遵从上述开源理念，而且专利开源的权利人来自各个领域，对于专利开源一致性的认知要比同为软件领域的权利人低很多，导致专利开源项目各有特点。因此，单纯从软件开源的经验来对专利开源进行界定并不实际，需要结合现有的专利开源实践进行考量。通过对世界范围内多个具有代表性的专利开源项目进行研究发现，相对于 OSI 的开源理念，目前多数专利开源项目是一个相对"弱化"的版本，例如对于无歧视这一点，多数专利开源项目可以做到对使用者的无歧视，即专利许可面向任意第三人，但某些项目会对许可技术的应用领域加以限制。未来专利开源理念也许会同软件开源理念一样变得更为"开放"，但从目前的情形来看，多数专利开源项目仍偏向"保守"。究其背后的原因，可能与专利开源更为鲜明的商业目的有关。对于专利权的获得与使用，商业化组织或者机构往往会比单打独斗的个人更具有话语权，商业化组织或者机构之所以愿意放弃花费大量金钱与时间获得的技术独占权，与其他人共享，目的就在于利用开源的社区属性以实现自己的商业目的。以专利开源组织 OIN 为例，成立的目的是保护 Linux 系统免受专利诉讼的侵扰。它之所以能够吸引 3000 余家企业会员，其中不乏 IBM、微软、华为等软件行业巨头，原因就在于充分利用了 Linux 系统的平台属性，通过会员贡献 Linux 系统专利用以构建基于 Linux 应用产品的专利生态，从而使会员获益。

综合开源理念与专利开源实践，现阶段专利开源主要包括以下三个特点：一是专利开源项目一般均具有开源协议，即有条件的开源；二是专利开源项目需"足够的"开放，也就是专利许可对象至少面向的是不特定的个体；三是免许可费，专利开源是要通过免费这种形式去构建一种有利于自身专利生态。基于归纳的这些特点，专利开源定义可以明确为：专利开源是一种专利运用的方式，具体指专利的持有者在特定条件下，以零使用费的形式将所持有专利的部分或者全部权利交予不特定人实施，以构建目标专利生态。

2.1.2　外　延

根据专利开源的含义，课题组对现有的专利开源项目进行了检索和梳理，以确定专利开源的外延。从定义可知，属于专利开源需要满足的基本条件是：①特定条件下持有专利的免费使用；②允许不特定人实施；③意图构建有利自身的专利生态。其中，特定条件下是指被许可方同意专利开源协议的内容，一般包括明示与暗示两种方式。免费使用强调专利的使用是不需要付出实际对价的，例如，通过交叉许可来获得对方专利的免费使用则不属于免费使用。不特定人强调对于被许可人没有额外限制，只要是愿意遵守特定条件，任何人均可使用专利。专利开源最终目标应当是构建一种专利生态。

举例来说，特斯拉将其持有的专利进行开放，善意使用方可免费使用其专利，也不针对因善意使用而侵犯到特斯拉专利的任何一方提起诉讼。上述承诺内容符合特定条件下允许不特定人免费实施其专利的要求，特斯拉开放专利属于专利开源的范畴。同样地，OIN 实现了 Linux 系统有关的专利可供会员中所有人免费使用，同样属于专利开源。丰田虽然宣布无偿公开自身持有的燃料电池专利，但需要通过丰田与被许可人进行"一对一"协商以实现对被许可人的选择，这并不符合定义中"不特定人"的要求，因此，丰田的氢燃料电池并非本书研究的专利开源的范畴。通过深入分析专利开源协议，并围绕专利开源的含义，课题组共确定了涉及 6 个行业领域、1 个韩国国有专利项目，共 16 项专利开源项目。

2.2　专利开源项目分析

目前软件领域、新能源汽车领域、区块链领域、空调领域、环保领域、生物领域和韩国国有专利等均已出现了专利开源项目，本节从 6 个行业领域、1 个韩国国有专利项目中选取有代表性的共 16 个开源项目，对专利开源项目的基本情况和开源协议内容条款进行分析，明确专利开源项目中各方的权利和义务，以及其他限制条件。

2.2.1　软件领域专利开源项目

2.2.1.1　OIN

（1）开源项目介绍

OIN 成立于 2005 年，是一个共享、防御性的专利池。该社区以保护 Linux 为使命，通过在 Linux 系统中进行专利非侵略性交叉许可，为 OIN 社区成员和基于 Linux/OSS 的技术的用户提供行动自由，由谷歌、IBM、NEC、飞利浦、索尼、SUSE 和丰田资助。目前，拥有来自 150 多个国家/地区的 3600 多名会员，是最大的专利非侵犯社区。会员包含谷歌、IBM、微软、索尼、飞利浦、东芝、中国的 360、华为、小米、字节跳动、快手、哔哩哔哩、长城汽车、腾讯、阿里巴巴、广汽集团、京东等。

截至 2023 年 10 月，OIN 拥有超过 280 万件专利申请，超过 3700 个 Linux 和核心开源技术包的专利交叉许可。加入 OIN，只需要注册成为会员，没有进入障碍，且终身免费。会员可以为企业或者个人，每个会员均签署相同的协议条款，且不需要在 Linux 系统中持有专利，倡导开源和专利的互不侵犯。会员通过与 OIN 签订开源协议明确权利与义务，开源协议的主要条款包括：不主张条款，即专利权人不就 OIN 中的专利对使用者主张专利权，项目中的专利可供全球所有人免费使用，被许可人可以制造、使用、进口和分销涉及 OIN 中专利的产品和服务；反向许可条款，即参加 OIN 的专利权人要将其与 Linux 系统有关的专利反向许可给 OIN 的其他会员使用，OIN 中的会员可以制造、使用、进口、分销包含专利权人专利的产品和服务。

除了 Linux 系统社区交叉许可外，OIN 还通过购买和开发的战略组合，公布了包含 350 件全球专利和专利申请的专利组合作为开源专利，这些专利和专利申请涉及不同的地区和技术领域。350 件专利和已发布的专利申请，包含有效专利 266 件，其中 262 件来自美国。在技术领域的分布上，有效专利主要涉及内核技术（占比 53%）、通信技术（24%）、应用（21%）和人工智能（占比 2%）。在 266 件有效专利中，OIN 作为申请人申请的专利为 198 件，占比 74%；购买的专利为 68 件，占比 26%。

（2）开源协议内容❶

协议相关方的主要权利包括：①获得 OIN 专利免费许可（协议生效后）；②免于 OIN 专利侵权诉讼（协议生效前）；③协议同样作用于被许可方的渠道商及用户。

协议相关方的主要义务包括：①将自身专利免费许可；②不起诉其他 Linux 合法使用者（不一定是会员）；③承诺不可撤销；④许可可带有时间限制；⑤特殊情况下许可可终止；⑥许可持续至专利期限届满；⑦子公司独立后许可终止；⑧侵权主张将导致许可终止。

2.2.1.2 其他软件项目

（1）Apache

1）开源项目介绍

Apache 许可证是一个由 Apache 软件基金会发布的自由软件许可证，最初为 Apache http 服务器而撰写。此许可证最新版本为 Apache 2.0 许可证，是 Apache 软件基金会（Apache Software Foundation，ASF）在 2004 年发布的，以帮助 ASF 实现其目标，即"通过开源软件开发协作，提供可靠且长久不衰的软件产品"。ASF 出品的软件一般都采用 Apache 2.0 许可证。Apache 许可证在 Apache 社区内外被广泛使用。Apache 基金

---

❶ 参见：https://openinventionnetwork.com/。

会下属所有项目都使用 Apache 许可证，许多非 Apache 基金会项目也使用了 Apache 许可证。据统计，截至 2012 年 10 月，在 SourceForge 上有 8708 个项目使用了 Apache 许可证。Apache 协议 2.0 和其他软件开源协议相比，除了为用户提供版权许可以外，还提供专利许可。因为很多许可协议只能适用于复制权，不适用于专利权，所以此种灵活性就成了让有专利的开发者们选择许可协议的一个显著参考因素。

2）开源协议内容❶

Apache 项目开源的目的是通过开源软件开发协作，提供可靠且长久不衰的软件产品。加入该项目的形式条件包括：①使用代码；②使用代码的产品必须满足 Apache 协议，即在作品有 LICENSE 文件，里面是 Apache 许可证的拷贝，还有 NOTICE 文件，用于保存声明的信息，实质条件则是同意许可协议。

协议相关方的主要权利包括以下几点内容。①每位贡献者特此授予被许可方永久性的、全球性的、非排他性的、免费的、免版税的、不可撤销的专利许可，用于制作、委托制作、使用、要约出售、出售、进口、转让本作品，该专利许可仅适用于贡献者提供的满足以下条件的专利权利要求，即贡献者的贡献单独对该权利要求必然构成侵权，或贡献者的贡献与贡献者提交此类贡献的作品之间的结合对该权利要求必然构成侵权。②可以在限定条件下复制和分发本作品或衍生作品，可通过任意媒介修改或者保持原样，可以是源码形式或目标形式；如进行修改，需满足以下限定条件：第一，必须给接收者一份本许可证的拷贝；第二，必须在任何修改过的文件中，带有明显的声明，表明被许可方已更改文件；第三，在被许可方分发的衍生作品的源代码中，被许可方必须保留本作品源代码中的所有版权、专利、商标和归属声明，但与衍生作品无关的除外；第四，如果本作品在分发时包含了一个"NOTICE"文本文件，则被许可方分发的任何衍生作品都必须要有该 NOTICE 文件所包含的归属声明（与衍生作品无关的声明除外），该归属应位于衍生作品分发时所带的 NOTICE 文件、衍生作品所带的源代码或文档或衍生作品生成的展示页面中；NOTICE 文件的内容仅仅是信息性的，不可以修改其中的许可证；被许可方可以在衍生作品中附加自己的贡献，在 NOTICE 文件里面直接添加或者以附录形式出现，前提是附加的贡献不能造成对许可证的更改；第五，在被许可方自己的修改中，被许可方可以添加版权声明，并可提供附加的或不同的许可条款和条件，以供他人使用，复制或分发被许可方的修改或整个衍生作品，前提是被许可方对本作品的使用、复制和分发等符合本许可规定的条件。

协议相关方的主要义务包括：①"贡献"包括作品的原始版本以及对该作品或衍生作品的任何修改或增补，这些内容是版权人（或是被版权人授权的个人或法人）有意"提交"给许可人以将其包含在作品中的。"提交"可以通过电子、口头或书面形式，包括但不限于电子邮件列表、源码控制系统、问题跟踪系统等（这些系统通常是许可人用来讨论和改进作品的），但是那些被显著标识了"并非贡献"的内容，不能视为被提交的内容。②自行负责确定使用或重新分发本作品的适当性，并承担和被许可

---

❶ 参见：https：//www. apache. org/licenses/LICENSE – 2. 0。

方行使权利（本许可授予被许可方的）有关的任何风险。③在重新分发本作品或其衍生作品时，可以提供支持、保证、担保以及其他责任、义务及权利，并因此收费，但必须满足以下前提：符合本许可证的条款条件；在承担这些责任时，被许可方只能代表自己（也只能单独承担责任），不能代表任何其他贡献者；如果因被许可方承担这些保证和责任导致任何贡献者产生任何损失或被追责，被许可方同意担保、保证每位贡献者不受损失和免于责任。

项目协议的其他限制还包括：如果被许可方针对任何实体（包括诉讼中的交叉索赔或反索赔）提起专利诉讼，指称本作品或贡献直接或间接构成侵权，则本许可授予被许可方的任何专利许可在诉讼提起之日终止。

（2）GPL

1）开源项目介绍

GPL，即 GNU 通用公共许可协议，是 GNU General Public License 的简写。它是由自由软件基金会（FSF）公布的自由软件许可证。GPL 的出发点是代码的开源/免费使用和引用/修改/衍生代码的开源/免费使用，但不允许修改后和衍生的代码作为闭源的商业软件发布和销售。GPL 是自由软件和开源软件的最流行许可证。到 2004 年 4 月，GPL 已占 Freshmeat 上所列自由软件的约 75%，SourceForge 的约 68%。类似地，2001年一项关于 Red Hat Linux 7.1 的调查显示，一般的代码都以 GPL 发布。著名的 GPL 自由软件包括 EMACS、Linux 内核（并非所有 Linux 发行版的内核都是开源的）和 GCC。其版本演进历史如下：GPLv1 于 1989 年 2 月 25 日发布；GPLv2 于 1991 年 6 月发布；GPLv3 于 2007 年 6 月 29 日发布。

GPL 协议的主要内容是只要在一个软件中使用（"使用"指类库引用、修改后的代码或者衍生代码）GPL 协议的产品，则该软件产品就必须也采用 GPL 协议，即必须也是开源和免费的。这就是所谓的"传染性"。由于 GPL 严格要求使用了 GPL 类库的软件产品必须使用 GPL 协议，对于使用 GPL 协议的开源代码，商业软件或者对代码有保密要求的部门就不适合集成/采用其作为类库和二次开发的基础。

2）开源协议内容❶

项目开源的目的是构建 GNU 通用公共授权协议，该协议也是目前开源软件行业通用的基本协议之一。加入该开源项目的形式条件是声明遵守 GPL 协议，其实质条件则是遵守 GPL 协议。

协议相关方的主要权利包括：①授予被许可方独家的、全世界的、不需要版税的专利权利，允许制作、使用、销售、批发、进口以及运用、修改和传播其贡献者版本内容；②上述专利授权指的是不执行专利权的承诺，包括现在以及将来所获得的专利权，但不包括对贡献者版本进行修改而可能侵犯的专利权。

协议相关方的主要义务包括：①上述专利授权仅针对开源软件，如果非开源软件，则需要开源、放弃基于专利权的收益、获得授权并使之延伸至下游接收者；②一旦授

---

❶ 参见：https：//www.gnu.org/license/gpl‑3.0.html。

权，将向下自动延伸至下游接收者。协议的其他限制还包括不能发布带有专利偏见的程序。

（3）Mozilla

1）开源项目介绍

Mozilla 是一个全球化的社区。社区成员们坚信开放、创新和机遇是互联网持续健康发展的关键因素。作为一个社区，Mozilla 从 1998 年开始为确保互联网的发展、造福所有用户而共同努力，因创作 Mozilla Firefox 网络浏览器而广为人知。

由于专利审查员很少看到开源存储库、代码、评论、演示文稿或讨论，在将专利权授予他人之前，开源软件项目和存储库所创造的大部分创新可能会被忽视。并且一旦被授予专利权，法院通常会假定该专利权是有效的，这使得对它的抗争成本高出许多倍。因此，Mozilla 专门制订了开放软件专利计划。

Mozilla 计划选择性地申请专利以保护自由和开源软件开发。当 Mozilla 获得这些专利时，将立即以免版税许可的形式将它们授权给所有使用者。反过来，每个获得许可的实体也必须允许开源软件项目自由创新，而不必担心专利。

Mozilla 开放软件专利计划的主要思想是对于 Mozilla 获得的每项专利，Mozilla 将立即根据 Mozilla 开放软件专利许可（MOSPL）向所有人提供免版税非独占许可。

2）开源协议内容❶

项目开源的目的是保护自由和开源软件开发。加入 Mozilla 项目的形式条件是作出声明，实质条件则是同意其许可协议。

协议相关方的主要权利包括：①许可方代表其自身及其每个关联公司，特此授予被许可方及其关联公司免版税、全额支付、全球性、非排他性、不可转让的许可制造、已经制造、使用、销售、要约销售、进口和以其他方式利用任何软件和实践软件中包含的任何方法的专利；②在许可期限内，被许可方可以将其在本协议项下与合并、收购或出售被许可方与本协议相关的全部或大部分资产相关的权利、许可和义务转让给以书面形式表示其受约束意图的一方，并且在转让日期之前不能提出侵权索赔。

协议相关方的主要义务包括：被许可方同意根据要求并根据合理、非歧视性和免版税的条款和条件，向许可方和任何参与者授予免版税、全额支付、全球性的、非排他性的、不可转让的许可，可根据被许可方的专利制作、已经制作、使用、销售、要约出售、进口和以其他方式利用任何开源软件和实践开源软件中包含的任何方法。"合理"是指但不限于，此类条款不得对被许可方的专利实施施加任何限制，以禁止根据开源许可条款使用、修改和重新分发适用软件。作为示例而非限制，此类条款不得限制软件的使用领域。

协议规定的其他限制还包括以下三点。①如果被许可方提出索赔，许可方和所有其他参与者授予被许可方的许可将在被许可方提出索赔之日立即终止。就上述内容而

---

❶　https：//www. mozilla. org/en－US/about/policy/patent/license/。

言，"索赔"是指：提起任何诉讼或其他法律诉讼（包括任何禁止进口产品的诉讼），声称软件侵犯了被许可方的专利；或被许可方就软件专利提出任何书面侵权索赔，包括停止侵权的请求；或协助任何第三方提出任何此类索赔。但是，"索赔"不包括被许可方在任何第三方对被许可方提出的专利侵权索赔中以反索赔或交叉索赔提出的专利侵权索赔；被许可方就开放专利许可授予专利许可的邀请或提议。②被许可方可以通过公开声明其不再是本协议的一方来终止许可期限，声明许可期限的终止日期不早于此类声明的日期，并声明将不会在许可期限结束时侵犯任何许可方专利。③如果被许可方想将本协议的文本用于被自己的专利许可，需从被许可方的协议版本中删除所有对"Mozilla"的引用。

（4）木兰宽松

1）开源项目介绍

伴随着国际形势的发展，越来越多组织申明将接受美国出口管制法律的约束，并且蔓延到了开源领域。关于国内开源生态如何自立，在迫不得已无法与国际接轨的情况下能够健康发展的措施也被提上议程，木兰系列许可证由此诞生。木兰开源社区是2018年国家重点研发计划"云计算和大数据开源社区生态系统"项目重点成果，由中国电子技术标准化研究院牵头，联合北京大学、国防科技大学、联想、腾讯云，以及开源中国、北京航空航天大学、中科院软件所、西南大学、华为、阿里云、浪潮、新华三技术有限公司、中国电子工业标准化技术协会、中科院东莞育成中心、湖南酷得网络科技有限公司共16家单位共同承担。木兰系列许可证（包含"木兰宽松许可证"和"木兰公共许可证"等），均由北京大学作为牵头单位，依托全国信息技术标准化技术委员会云计算标准工作组和中国开源云联盟，联合开源生态圈产学研优势团队和个体，尤其是开源法务和律师，起草、修订并发布。其中Mulan PSL是国内首个被OSI认定的"国产开源软件协议"。

木兰宽松许可证第一个版本于2019年8月5日发布，第二个版本于2020年1月发布。2020年2月14日，开源促进会（Open Source Initiative，OSI）批准了来自中国的木兰宽松许可证第二版（MulanPSL v2），木兰宽松许可证正式成为一个国际化开源软件许可证。这意味着中国现在拥有了具有国际通用性、可被任一国际开源基金会或开源社区支持采用，并为任一开源项目提供服务的开源许可证。MulanPSL v2在MulanPSL v1的基础上明确了许可证规范语言。OSI也给予了很高的评价："中文版的开源许可证可以鼓励广大中国社区积极参与开源，同时也是对已批准开源许可证列表的宝贵补充。"

此次通过认证意味着，木兰宽松许可证正式具有国际通用性，是木兰开源社区的重要成果。同时，木兰宽松许可证也是第一个由中国开源产业界联合编制、并通过OSI认证的开源软件许可证，标志着我国开源界在立足中国、贡献全球方面取得突破性进展。

2）开源协议内容❶

项目开源的目的是对参与方进行技术保护，起防御性的作用。加入该项目的实质条件是同意其构建的许可协议。协议相关方的主要权利包括：每个贡献者根据"本许可证"授予被许可方永久性的、全球性的、免费的、非独占的、不可撤销的（根据本条规定撤销除外）专利许可，供被许可方制造、委托制造、使用、许诺销售、销售、进口其贡献或以其他方式转移其贡献。前述专利许可仅限于贡献者现在或将来拥有或控制的其贡献本身或其贡献与许可贡献时软件结合而必然会侵犯的专利权利要求，不包括对贡献的修改或包含贡献的其他结合。

协议相关方的主要义务包括：可以在任何媒介中将软件以源程序形式或可执行形式重新分发，不论修改与否，但必须向接收者提供"本许可证"的副本，并保留软件中的版权、商标、专利及免责声明。

协议规定的其他限制还有：①如果被许可方或被许可方的关联实体直接或间接地就软件或其中的贡献对任何人发起专利侵权诉讼（包括反诉或交叉诉讼）或其他专利维权行动，指控其侵犯专利权，则"本许可证"授予被许可方对软件的专利许可自被许可方提起诉讼或发起维权行动之日终止；②"本许可证"以中英文双语表述，中英文版本具有同等法律效力。如果中英文版本存在任何不一致，以中文版本为准。

（5）专利共享（Patent Commoms）

Patent Commoms 网站由 Linux 基金会成立于 2005 年，共开源了 529 件软件相关专利。开源专利的最晚授权年份为 2007 年，绝大多数专利为 2001 年之前授权，网站还开源了部分的技术标准，2007 年之后网站未再更新。该网站信息不全，基本无法发挥正常功能。

2. 2. 2　新能源汽车领域专利开源项目

（1）开源项目介绍

2003 年 7 月 1 日，马丁·艾伯哈德（Martin Eberhard）与长期商业伙伴马克·塔彭宁（Marc Tarpenning）合伙成立特斯拉（TESLA）汽车公司。2004 年 2 月，埃隆·马斯克向特斯拉投资 630 万美元，出任公司董事长，马丁·艾伯哈德则作为特斯拉之父任公司的 CEO。截止到 2022 年 8 月，特斯拉已经研发出了 Model 3、Model S、Model X、Model Y 等多款全球热销的车型。2014 年，埃隆·马斯克在社交媒体上宣布将开放特斯拉的所有专利技术，其官网《我们所有的专利属于你》文章宣称："我们本着开源运动的精神，开放了我们的专利，目的是推动电动汽车技术的进步……任何人如果出于善意想要使用特斯拉的技术，特斯拉将不会对其发起专利侵权诉讼。"2019 年，马斯克再次重申了对外开放所有专利，鼓励其他企业开发先进的电动汽车相关技术。

---

❶　参见：http：/license. coscl. org. cn/。

（2）开源项目协议●

2014 年 6 月，马斯克在社交媒体上宣布专利开源后，特斯拉在其官网公布了所谓的《专利承诺》，对其专利开源作出了进一步解释。该承诺本质上为法律意义上的单方允诺，具备法律效力。由于特斯拉开源项目的协议属于单方允诺，被许可方无须额外签订协议或者加入特定的社区。

承诺内容主要包括四个部分和一个开源专利列表：首先，特斯拉重申了马斯克的承诺，即特斯拉不针对从事有关电动汽车或相关设备活动因善意使用而侵犯到特斯拉专利的任何一方提起诉讼。其次，特斯拉从两个方面解释了上述承诺，一是"特斯拉专利"的范围，即特斯拉现在或将来所有的全部专利，但共有专利及不受承诺约束的专利除外，并且随同该解释，特斯拉发布了一个该承诺下的特斯拉专利列表。二是"善意使用方"的界定，其排除了以下三种行为（以下为简写），即：①主张、协助主张或者资助主张针对特斯拉知识产权，以及针对第三方使用涉及电动汽车或相关设备的技术的任何专利权；②挑战、协助挑战或者财务资助挑战特斯拉专利；③推广或销售任何山寨特斯拉产品的。特斯拉承诺其专利开源将不受专利转让的限制，但最后特斯拉也提示以上专利开源承诺仅是承诺诉权的暂缓执行，而不是放弃该诉权。该《专利承诺》所附带的专利列表共包括 334 件有效专利，共计 259 项专利（专利族），最后一件专利授权日期为 2016 年 3 月。此后该列表未再进行更新，但结合该《专利承诺》的上下文，特斯拉所承诺的开源专利并不仅仅包括列表中专利，而是在之前所承诺的特斯拉现在或将来所有的全部专利，但共有专利及不受承诺约束的专利除外。

2.2.3　区块链领域专利开源项目

2.2.3.1　DPL

（1）开源项目介绍

区块链产业发展到今天，涌现出了非常多的开源技术与应用。Blockstream 就是一家贡献了非常多开源技术的、主要围绕比特币作开发的区块链公司，选择开放自己的知识产权，将其项目或软件开源，而很多已公开专利申请的申请人则声称自己只想"防御性"地使用其专利。例如就侧链技术向美国专利商标局提交专利申请的创业 Blockstream 已签署了一份"专利保证书"，承诺用户和比特币技术开发人员可自由使用其发明，而不用担心专利诉讼。

DPL 是用来防止或防御专利流氓的工具之一，已经被创业公司 Blockstream 应用于区块链专利的开源中。通过签署 DPL，企业实质上允许任何人或公司免费使用它们的所有专利技术，只要这些使用者也加入 DPL。为了加入 DPL，成员必须承诺将持有的所有专利放入 DPL 中共享，并且不得向任何 DPL 成员提出专利侵权索偿。这有效地形成了一个俱乐部，即任何人都可以加入，俱乐部成员可放心地使用其他任何成员拥有的专利。DPL 纯粹是防御性的，加入 DPL 的实体越多，对区块链社区越好。

● 参见：https：//www.tesla.cn/。

（2）开源协议内容❶

DPL 项目的目的是避免区块链研发和使用过程中对相关专利技术的不当限制。加入开源项目的形式条件是加入 DPL 社区，实质条件是同意许可协议。想要加入 DPL 社区，只要在公开的网站上声明，承诺向作出类似承诺的任何人提供在 DPL 下拥有或获得的任何专利即可。这里值得注意的是，无须拥有任何专利即可成为 DPL 社区成员，只需要作出同样的承诺，在将来某个时候获得专利时遵守。

协议相关方的主要权利包括：①被许可人免费使用 DPL 成员所有专利技术；②不会被许可人提出专利侵权索偿。

协议相关方的主要义务包括：①成员必须承诺将持有的所有专利放入 DPL 中共享，并且不得向任何 DPL 成员提出专利侵权索偿；②对 DPL 成员零成本许可，同时仍然可以对任何选择不加入 DPL 专利共享社区的人强制执行这些专利；③被许可人不得向 DPL 用户以外的实体或个人转让或授予专利的独家许可。

协议的其他限制：①被许可方违背相关要求，许可方保留撤销和/或终止特定被许可方的本许可证的权利；②许可方不对因本许可产生的或与本许可相关的任何损害负责。

2.2.3.2　BDPL

（1）开源项目介绍

在实际项目运行过程中，有些人已经发现了 DPL 中的潜在缺陷。DPL 是该计划的"初稿"，而许多人似乎承认这个"初稿"有很多可以改进的空间。潜在的 DPL 漏洞包括：DPL 中提到，如果成员将专利转让给不遵守 DPL 条款的独立非 DPL 实体，该成员许可证可能会被撤销。但是，此限制仅适用于当成员加入 DPL 后。理论上讲，在加入 DPL 之前，一个实体有可能先将重要的专利转让给相关公司。在这种情况下，刚转让专利的新 DPL 成员可能与受让该专利的公司相互勾结，受让该专利的公司是不需要与 DPL 其他成员分享它的专利的，同时新加入 DPL 成员仍可自由使用 DPL 中的其他专利。

尽管 DPL 阻止成员中提出侵权索偿，但并不妨碍独立第三方执行它们的专利权。独立第三方可以限制某些 DPL 成员使用它们的专利，同时向其他 DPL 成员开放该专利。如果发生这种情况，获得专利权使用的 DPL 成员可能比其他 DPL 成员具有优势，而这正是 DPL 想要极力避免的情况。举例说明，H 公司并不是 DPL 的成员，但它允许 DPL 成员公司 A 使用其专利技术，同时对其他 DPL 成员采取法律手段来维护专利权。这给 A 公司带来了一些优势，而 A 公司仍然是 DPL 的有效成员。

而 BDPL，作为一个拟推出的区块链专用 DPL 方案，旨在通过修订和加上额外条款来优化 DPL，并纠正上述漏洞。BDPL 仍然保留原始 DPL 的核心防御特性，并将为所有加入 BDPL 的成员授予专利使用许可。第一个漏洞的解决方案是通过修改许可证中的一个条款来达成的。

---

❶　参见：https://blockchaindpl.org/。

（2）开源协议内容❶

BDPL 是为改进 DPL 而推出的区块链专用 DPL 方案。加入 BDPL 开源项目的形式条件是加入 BDPL 社区，实质条件是同意许可协议，具体步骤同 DPL 相似，需要在公开的网站上声明，承诺向作出类似承诺的任何人提供在 BDPL 下拥有或获得的任何专利。

协议相关方的主要权利包括：①被许可人免费使用 DPL 成员的所有专利技术；②不会被许可人提出专利侵权索偿。

协议相关方的主要义务包括：①成员必须承诺将持有的所有专利放入 BDPL 中共享，并且不得向任何 BDPL 成员提出专利侵权索偿；②对 BDPL 成员零成本许可，同时仍然可以对任何选择不加入 BDPL 专利共享社区的人强制执行这些专利；③如果成员使用任何由第三方授予的专利，而该专利"会或可能会"禁止另一个 BDPL 成员使用，那么使用该专利的成员的许可证将被撤销；④禁止单独成员或与成员勾结的任何其他人对另一名成员提出任何非防御性专利权利要求。

协议的其他限制：被许可方违背相关要求，许可方保留撤销和/或终止特定被许可方的本许可证的权利。

2.2.4 空调领域专利开源项目

（1）开源项目介绍

1997 年 12 月在日本京都召开的《联合国气候变化框架公约》缔约方第三次会议上通过了旨在限制发达国家温室气体排放量以抑制全球变暖的《京都议定书》，规定了要限制排放包括二氧化碳（CO_2）、甲烷（CH_4）、氧化亚氮（N_2O）、氢氟烃（HFCs）、全氟烃（PFCs）和六氟化硫（F_6S）6 种温室气体在内的一揽子温室气体的要求，从国际政策上明确了 HFCs 制冷剂属于必须逐步削减其排放量的一种温室气体。同时，国际制冷界也明确了要减少制冷空调系统对全球气候变化的影响必须从 3 个方面着手：①尽量选用全球变暖系数值（GWP）低的制冷剂；②要逐渐提高制冷空调系统的性能系数（COP）值；③要减少制冷空调系统制冷剂的泄漏率。

在这种技术与历史背景下，大金工业株式会社（以下简称"大金公司"）敏锐地、清醒地认识且预见到，当时广泛使用的 R410A 是一种高 GWP 值的 HFCs 制冷剂，迟早会被《京都议定书》所限用与淘汰，并不是一种永久性替代制冷剂，必须尽早寻找与研发一种替代制冷剂。HFC－32（R32）具有降低空调对全球变暖影响的特点，例如不破坏臭氧层，而其 GWP 值只是传统空调制冷剂 R410A 约 1/3。此外，HFC－32（R32）可以提高空调的运行效率，本身流通广泛且容易获得；作为单一制冷剂，也容易回收和再生，进而可以减少新制冷剂的生产量。基于这些特点，大金公司认为 HFC－32（R32）是一种可以减少空调对于环境负荷的制冷剂，于是在 20 世纪末，开展了以纯 R32 或质量分数高于 70% 的 R32 混合制冷剂在分体式与多联式空调系统中应用的研究。

大金公司于 2011 年向发展中国家免费开放了涉及 R32 制冷剂使用的 93 件专利，

---

❶ 参见：https://blockchaindpl.org/。

并于 2015 年将这些专利在全球范围内免费开放。其中在 2011 年 9 月 29 日，大金公司与中国制冷空调工业协会签订了大金公司向中国企业免费开放涉及 R32 制冷剂使用的基本专利的协议书。在该协议书的专利清单中，包括了大金公司拥有在中国申请的涉及 R32 制冷剂使用的 15 件基本专利。由于此次专利免费开放行为是基于非公开的特定协议下进行的，无法确定其是否属于本项目中专利开源的研究范围，并且现有公开资料中并没有上述 93 件免费开放专利的清单，在此不予讨论。

2019 年，大金公司在其官方网站上发布了 "HFC‐32 专利不主张承诺"（ht-tps：//www. daikin. com/patent /r32/），通过免费使用所有在 2011 年之后提交的已承诺专利，大金公司希望进一步促进 HFC‐32 设备的使用，无须大金公司的预先批准，不需要签订合同，即可免费使用已承诺的专利。此次专利承诺将不会被撤销，并且承诺不会针对一方被撤回，除非触犯大金公司的防御性终止权，例如针对由大金公司或其集团公司之一提供的单组分 HFC‐32 设备提起专利侵权诉讼或其他法律程序。

（2）开源协议内容❶

大金公司相信创新在保护环境方面发挥着至关重要的作用。希望通过鼓励开发使用 HFC‐32 制冷剂的设备来推进创新步伐。因此，大金公司以下列条款提供此专利承诺。

1）定义

"关联公司"是指直接或间接通过一个或多个中介机构控制、受其控制或与所提及的个人或实体共同控制的任何个人或实体。"控制"一词是指：①直接或间接指导个人或实体的管理或制定政策的能力，无论是通过拥有投票权证券、合同、公司治理还是其他方式；或者②直接或间接拥有一个实体超过 50% 的有表决权证券或其他所有权权益。"承诺的专利"是指大金公司在以下 URL 列出的特定专利或专利申请：https：//www. daikin. com/patent/r32/patents/，并包括任何声称对所列专利享有优先权的专利或专利申请。大金公司可能会不时自行决定将专利或专利申请添加到此列表中，但不会从中删除专利或专利申请。"HFC‐32 设备"是指：①任何设备，包括空调、热泵、冷冻机或冰箱，并且使用非混合、单组分 HFC‐32 制冷剂作为运行期间的制冷剂；或者②在①段所述的任何设备中使用的任何机械部件。为免生疑义，HFC‐32 设备不包括可能以某种方式使用 HFC‐32 但在运行期间实际上并未使用 HFC‐32 作为制冷剂的设备或其组件。

2）承诺

大金公司承诺不针对个人或实体提起诉讼或其他诉讼程序，指控该个人或实体的开发、制造、使用、销售、要约销售、租赁、出口、进口或分销任何 HFC‐32 设备侵犯了任何承诺的专利。

3）法律效力

本承诺对大金公司、其关联公司及其继承人和受让人（以下称为"大金各方"）

---

❶　参见：https：//www. daikin. com/patent/r32/patents/。

具有法律约束力和可执行性。如果大金公司各方将承诺的专利出售、转让或以其他方式转让给任何个人或实体，大金公司将有义务要求该个人或实体以书面形式同意遵守承诺，并要求任何随后的受让人。除非在承诺中明确说明，否则不会以暗示、禁止反悔或其他方式承担、授予、接受或放弃任何其他权利、许可或义务。并且大金各方对承诺的专利不提供任何形式的保证，包括本承诺所涵盖的任何活动是否不受其他个人或实体的侵权索赔。

4）防御性终止

大金公司作出此承诺是为了鼓励 HFC - 32 设备的创新，并为避免有人滥用承诺，大金公司保留在任何时候针对任何个人或实体（或关联公司或其代理人）终止承诺的权利（"防御性终止"），当该个人或实体：①提起诉讼或其他诉讼程序，指控全部或部分基于大金公司或其代表开发、使用、进口、制造、出售、销售或分销的 HFC - 32 设备的专利侵权；②在诉讼、异议、多方审查或其他程序中对承诺的专利的有效性或可执行性；③在①或②所述的任何程序或质疑中拥有经济利益；④为①或②中所述的任何此类诉讼或质疑提供自愿协助，除非具有管辖权的政府机构的传票或其他具有约束力的命令要求提供此类协助；⑤以书面形式威胁要启动①或②中所述的诉讼或质疑；或者⑥先前拥有或控制了①中所述主张的专利。大金公司在行使防御性终止权利时的任何延迟或遗漏均不会损害或被解释为任何大金公司放弃该权利。如果大金公司终止承诺，则该终止将使承诺自始无效，并且具有与承诺从未在第一时间延长至该个人或实体相同的效力。在行使防御性终止后，大金公司应自行决定是否、何时以及以何种方式和条款再次将承诺延伸至该个人或实体。

2.2.5　环保领域专利开源项目

2.2.5.1　Low - Carbon

（1）开源项目介绍

Low - Carbon 开源项目于 2021 年 4 月 22 日被提出。2021 年 4 月 22 日，惠普、脸书（Facebook）和微软三大科技公司签订"低碳专利承诺"（Low Carbon Patent Pledge，LCPP），将为开发低碳技术的创新者提供免费的专利使用权，旨在帮助应对气候变化。在净零碳排放的既定目标下，发起人惠普、微软和 Facebook 在专利技术软硬实力的较量之外，以共享开放低碳环保的专利、共享普惠乃至公益属性的低碳专利的初衷，成立了 LCPP。组织成员将通过免费在全球范围内广泛提供关键知识产权，公开专利、协同创新，用于生产、储存和分配低碳能源，帮助加速采用低碳技术、促进合作创新并促进可持续的突破，达成共同努力解决气候危机的最终目标。

Low - Carbon 开源项目已有涉及 13 个国家、10 个组织的共 544 项专利在册。这些专利涵盖了一系列有助于应对气候变化的预防性或适应性的技术，包括电源管理、启用零碳能源、高效数据中心体系架构和热管理。联盟的合作伙伴制订了良好的企业可持续发展计划，希望通过向公众提供免费专利，激励研究人员和科学家制定低碳经济和可持续发展所需的技术解决方案，并鼓励更多的组织参与到此次的 LCPP 中。自项目建立以来，多家科技公司加入开源项目中。由于项目发起人为三家美国公司，在项目运行前期，加入的公司主要是美国公司，后续陆续有其他国家的公司加入。我国企业自 2022 年开始加入 Low－Carbon 开源项目。2022 年 4 月 21 日，蚂蚁集团正式加入 LCPP，并首次承诺将 7 件"绿色计算"相关专利无偿开放。全球任何个人、企业、机构都可以根据该承诺免费使用这些专利来促进节能减排。2022 年 4 月 22 日，阿里巴巴对外公布其正式加入 LCPP 联盟组织，向全球共享 9 件低碳发明专利。

（2）开源协议内容❶

Low－Carbon 开源项目的发起目的是帮助应对气候变化，加入项目形式要件需要作出承诺（承诺专利技术被用于低碳能源的生产、使用和存储），然后选择特定的许可。被许可人不必签署协议，但该协议具有法律效力，这也是加入项目的实质条件。

协议相关方的主要权利是获得 LCPP 专利的免费许可。

协议的其他限制：①许可带有时限；②许可是不可转让的、不可再许可的、非排他性的、全球性的、全额支付的。

2.2.5.2　The Eco－Patent Commoms

（1）开源项目介绍

The Eco－Patent Commons（环保专利共享）是 IBM、诺基亚、必能宝和索尼联手世界可持续发展工商理事会（World Business Council for Sustainable Development，WBCSD，全球性社区，应对综合气候、自然和不平等可持续发展挑战方面面临的障碍和机遇）于 2008 年 1 月推出的一项专利共享计划，利用环保技术的特性建立起私人自愿捐赠机制，在促进技术创新的同时实现有效的专利技术转让。具体地，专利权人向项目提交要捐赠的专利，WBCSD 会在这些专利中挑选出认为对环境有益的专利，其判断标准是所捐赠专利的国际专利分类号（International Patent Classification，IPC）有没有落入预先设定的绿色专利 IPC 中，如果落入该范围内，则作为开源专利在社区内共享。但由于存在组织机构和工作机制不健全、缺乏专利使用情况跟踪、缺乏有效技术转让机制等问题，该项目于 2016 年中止。

（2）开源协议内容❷

在建立之初，The Eco－Patent Commons 开源了来自全球的 11 家公司提供了 100 多项环保专利，并承诺对这些专利权的行使将不会违反或影响他人以保护环境为目的对这些专利所包含的技术的使用，包含在共享计划里的专利对所有利益方开放，任何人可以无偿使用，通过免费使用这些发明提高技术和创新共享以改善环境。

The Eco－Patent Commons 会员资格面向所有愿意承诺公开其专利的个人和企业开放。各组织可自行决定选择和提交其承诺公开专利的方式。包含在共享计划里的专利对所有利益方开放，唯一的限制是所捐献的技术必须是能够提供环境效益的技术，无论是直接带来环境效益还是间接带来环境效益。The Eco－Patent Commons 并没有相应

---

❶　参见：https：//lowcarbonpatentpledge.org/。

❷　参见：https：//corporateecoforum.com/。

的开源许可规则加以限制，是一种完全开放式的共享，通过基础规则和"不主张"承诺来规定专利捐赠人和使用人之间的权利义务关系。基础规则规定"使用人可以制作、使用、出售和出口侵权机器、产品、生产工艺或是侵权零部件而不需要支付任何费用给专利捐献人，只要这些侵权事项单独，或包含在一个产品或服务中，产生了环境效益"。

2.2.6　生物领域专利开源项目

2.2.6.1　BIOS

（1）开源项目介绍

BIOS（Biological Innovation for Open Society）为开放社会的生物创新/生物开源，是澳大利亚研究机构 CAMBIA 在 2005 年组织建立的项目，旨在为生物创新提供共享技术的支持。该项目是目前生物技术领域较成功的专利开放许可实践，其主要目的是保证生物技术的获取并促进其发展。BIOS 规定项目内的专利技术都可以非排他性地许可给所有商业或者非商业目的的使用者使用。

（2）开源协议内容❶

BIOS 的参与者分为贡献者、被许可人（订阅者）和赞助者。贡献者通过许可合同把其技术或知识转让、提供或许可给 BIOS，许可合同包括专利、商标、版权、材料转让协议或其他具有约束力的协议。被许可人需要订阅 BIOS 的许可协议成为订阅者，BI-OS 按指定的技术组合对技术或知识进行分类，订阅者指定他们希望订阅的技术组合，订阅成功后，订阅者将获得相关的支持服务，可直接联络到该技术组合的经理，该经理是主导该项技术及其相关知识产权领域的专家，订阅者将定期被告知该领域的进展和改进，被许可人基于开放访问许可将免费获得任何 BIOS 技术的访问权，但需要承诺：①将任何改进的权利授予 BIOS；②共同捍卫 BIOS 技术的公共资源；③与所有被许可人共享监管生物安全信息的资料。赞助者是指在经费和实物上支持 BIOS 的人，包括慈善捐助组织、国家政府机构以及私人公共捐助者等。

被许可方的主要权利为：①许可方授予 BIOS 被许可方在研究、开发和商业化中使用"知识产权和技术"的权利。"知识产权和技术"包含许可专利、许可材料和技术数据。许可方授予 BIOS 被许可方的专利权具有全球性、非排他性并且免版税。BIOS 被许可方可以开发、制造、使用和商业化 BIOS 的许可产品，以及可以制作和使用"知识产权和技术"的改进技术。②提供可供使用的技术或此类技术改进的所有者不得针对任何其他遵守 BIOS 兼容协议条款的实体主张对该技术或改进的知识产权。③BIOS 被许可方可以随时终止订阅协议。

被许可方的主要义务为：①所有被许可人承诺分享对"知识产权和技术"的改进技术，即使它们已获得专利，将任何改进的权利授予 BIOS 内的所有成员使用；②共同捍卫 BIOS 技术的公共资源；③与所有被许可人共享监管生物安全信息的资料；④BIOS

---

❶　参见：https://cambia.org/bios-landing/。

被许可人应至少每年一次以书面形式提供分许可清单，以便在受保护的公共网站上发布；⑤在每年 3 月的最后一个工作日之前，BIOS 被许可方将提供一份年度报告，其中包括任何改进专利或出版物的列表，具体包括所有序列号、申请日期和发布日期，以及所有此类申请的副本和已发布的专利，以及在过去 12 个月内发表或发布的出版物；⑥在终止后的 60 天内，BIOS 被许可方将提交一份报告以供其他 BIOS 被许可方使用，描述并提供在终止日期之前所做的任何先前未报告的改进技术、改进专利、材料和技术数据。

2.2.6.2　WIPO Re：Search

（1）开源项目介绍

WIPO Re：Search 成立于 2011 年，是一个由世界知识产权组织（WIPO）与生物技术产业组织全球卫生事业机构（BVGH）联合发起的联合体。该联合体的宗旨是鼓励并支持为被忽视的热带病研究与开发产品。WIPO Re：Search 拥有 168 个成员、171 项资产，资产类型包含：化合物、数据/试剂、专业知识/建议、设施、其他（含专利）、样本、技术/分析。成员可以就 WIPO Re：Search 数据库中列出的他们感兴趣的资产联系 BVGH。根据 WIPO Re：Search 的规定，各组织同意把知识产权资产以免使用费的方式提供给全世界任何地方适合的研究人员，条件是研究的重点是被忽视的热带疾病、疟疾和结核病，这类研究产生的任何产品也将以免使用费的方式用于在不发达国家销售。

（2）开源协议内容❶

研究机构可以通过书面形式同意《指导原则》并说明其意欲成为提供方、使用方和支助方成为 WIPO Re：Search 的成员。凡以书面方式同意《指导原则》的均可成为联合体的成员，主要包括提供方、使用方和支助方，每种成员通过 WIPO Re：Search 网站上的相关工具，或者致函秘书处（联系地址：Global Challenges Division，WIPO，34 chemin des Colombettes，1211 Geneva 20，Switzerland；电子邮件：re_ search@ wipo. int），表明其同意承诺《指导原则》，致函应提供适当的个人或团体身份和联系方式。

具体而言：①提供方是指向 WIPO Re：Search 捐献知识产权、材料或服务供许可或使用的成员；②使用方是指依照"原则和目标"与提供方订立许可协议，使用通过 WIPO Re：Search 提供的知识产权和/或材料和/或服务的成员；③支持方是为被忽视的热带病用产品的研究与开发提供便利的成员，支持方可自愿向联合体或其成员提供任何形式的支助、服务或援助，为实现联合体的"原则和目标"提供便利，例如支持方提出要求，WIPO 和伙伴关系中心管理人应考虑在联合体网站上公布可用的此类支助、服务和援助的细节。任何成员均可通过联合体网站上的相关工具或致函秘书处发出通知退出联合体。成员的退出不得导致因参加联合体而签署的许可协议被终止，除非协议中有此规定。WIPO Re：Search 的使用方和提供方之间基于《指导原则》以单独谈判的形式达成许可协议，许可协议签订的条款不得违背《指导原则》的规定。当出现需要进行仲裁和/或争议解决的情况时，鼓励但不要求使用方和提供方使用 WIPO 仲裁与

❶　参见：https：//bvgg. org/wipo - research/。

调解中心的服务。

被许可方的主要权利为：①提供方同意向使用方授予本项知识产权的许可并免除使用费，以便在世界任何地方进行产品、技术或服务的研究与开发；②提供方同意向使用方授予本项知识产权在世界任何地方的许可并免除使用费，以便生产或提供或者委托他人生产或提供上述产品、技术或服务；③使用方应被允许在其认为恰当时为所产生的知识产权保留所有权并申请注册；④提供方将不对某一使用方基于联合体成员资格订立的许可协议所产生的新的知识产权、材料或材料衍生物主张任何权利。

被许可方的主要义务为：①研究和开发的目的仅限于满足不发达国家对于所有或任何被忽视的热带病的公共卫生需求；②生产和提供的目的仅限于在不发达国家出售或委托他人出售、进口或出口这些产品；③鼓励使用方按照与《指导原则》相一致的条件，基于联合体成员资格订立协议，通过 WIPO Re：Search 向第三方授予所产生的新知识产权的许可；④提供方可要求使用方不针对提供方主张其新的知识产权。

2.2.6.3 BioBricks

（1）开源项目介绍

BioBricks 基金会是公益组织，成立于 2006 年，旨在通过开放式设计、建造、分销、理解和使用 BioBrick 兼容部件来促进和推进合成生物学的创新、研究、标准化和教育，共享和利用工程遗传材料（基因编码）。

（2）开源协议内容❶

BioBrick™公共协议（BPA）由"贡献者协议"和"用户协议"共同构成。主要成员包括贡献者和用户。贡献者是指提交材料并签订贡献者协议的个人、公司、机构或其他实体，贡献者签署贡献协议后可贡献其基因编码和材料，贡献者的贡献承诺不可撤销。用户是指可以请求和使用材料的人。

被许可方的主要权利为：①有权在材料属于公共领域（即不受知识产权保护）或贡献者承诺不对用户主张任何专有权利的范围内使用这些材料；②要求贡献者声明和保证，对于贡献者拥有的任何已发布的专利、未裁决的专利申请、版权或数据权，包括保护材料的任何部分、材料的任何组合物或其用途，包括但不限于材料中的核酸序列、材料的任何组合物和/或材料的任何使用，贡献者都不会主张或威胁主张此类专利，不会启动国际贸易委员会的程序，不会威胁主张通过发布专利申请可能授予的任何权利，并且不会以任何方式对基金会或用户（包括用户的制造商、分销商、客户或在用户授权或控制下行事的任何其他人）执行材料中的任何此类知识产权；③贡献者不可撤销承诺。

被许可方的主要义务为：①用户同意不删除或更改材料中包含的任何 BioBrick™识别标签或数据，并告知 BioBricks 框架的潜在用户和贡献者不要删除或更改材料中包含的任何 BioBrick™识别标签或数据；②如果用户以原始形式或修改后的形式提供、商业化或以其他方式分发上述材料，要在与材料和材料修改相关的所有包装或产品插页、

---

❶ 参见：https：//biobricks.org/。

出版物和赠款相关材料中显著标注 BioBrick™ 公共协议徽标，如果贡献者在贡献者协议中也要求显示其归属，则也应对贡献者进行标注。

其他限制条件包括：①对材料的访问或使用不会向用户收取任何费用，但是，对于材料的制造和运输，可能会向用户收取适当的且象征性的费用，并且可能会因用户要求的额外服务或咨询而收取额外费用；②用户可以与贡献者单独签订协议，但是，任何此类单独协议均不得减少或减损本用户协议规定的用户在材料中的权利。

2.2.7 韩国国有专利的专利开源项目

（1）开源项目介绍

在韩国知识产权局（KIPO）的国有专利中，授予企业免费和付费非独占许可的技术数量逐年增加，2005 年为 10.6%，2006 年为 12.2%，2007 年为 14.0%，截至 2008 年 8 月为 14.2%。这表明越来越多的公司正在通过免费或付费获得在国有专利中具有商业化潜力的"货真价实"专利技术转让来寻求商业化。因此为了提高韩国国有专利的利用率，KIPO 于 2009 年 9 月 29 日宣布，允许社会各界免费使用国有专利。根据该规定，凡自获授权后闲置 3 年的国有专利，任何人均可免费使用 3 年。国有专利是指国家公务员在履行职务过程中完成的发明，由国家继承并以国家名义登记的产业产权（专利、实用新型、外观设计），专利厅负责国有专利的技术转让及补偿等业务。在下文中，将 KIPO 的国有专利免费许可项目简称为"KIPO 项目"。

据 KIPO 统计，截至 2008 年 9 月，共有 1879 项专利注册为国家专利（1433 项专利、289 项实用新型、118 项外观设计、39 项在海外注册的专利）。这些国有专利的列表和详细资料登载在 KIPO 网上专利交易市场网站（www.ipmart.or.kr）和 KIPO 主页（www.kipo.go.kr）上，供技术需求者免费或廉价获取。

据统计，自 KIPO 实施国有专利免费许可制度以来，即使韩国国有经济持续不景气，国有专利的使用件数也在逐年增加，近 5 年年均增长 17%，2011 年共有 477 项技术转让，销售额超过 500 亿韩元。截至 2012 年 9 月，在 2939 项国有专利中，有 543 项技术转让给民间企业，已经超过 2011 年全部技术转让件数 477 项。其中，以制造家畜用疫苗的 A 研究所为例，利用韩国农林水产检疫检验本部开发的 5 项国有专利，"11 年内销售额超过 12 亿韩元"；家畜用诊断套件制造商 B 公司也利用 3 项国有专利技术，实现了 10 亿韩元规模的销售额。另外，韩国农村振兴厅开发的"不凝固的年糕"的制造技术也仅在韩国国内就实现了超过 150 件的技术转移，后续在美国也签订了 2000 万韩元规模的技术转移合同，提高了韩国国有专利海外利用的可能性。

（2）开源协议内容❶

KIPO 在其官网上颁布了 2010-4 号令——免费使用韩国国有专利的协议内容。项目开源面向韩国国民，对于国有专利权登记后未实施 3 年以上的专利进行开源，其目的是促进国有专利的利用，为产业发展作出贡献。加入该项目的形式条件是在 KIPO 官

---

❶ 参见：https：//www.kipo.go.kr/ko/kpoBultnDetail.do。

网填写无偿实施申请书，提交韩国专利厅院长。具体步骤包括：在 KIPO 官网上填写无偿实施申请书进行免费申请，并在申请书上附上所要求提交的文件，经批准后方可使用。加入该项目的实质条件则是同意许可协议。

协议相关方的主要权利包括：①对于授权后闲置 3 年的国有专利，任何人可免费使用 3 年，第一次免费使用期限到期后可以进行仅限 1 年、1 次无偿延长；②申请人可以根据专利权的实施对产品进行专利的标示。

协议相关方的主要义务包括：①未经 KIPO 同意，不得设立专利权质权、进行事业主体变更和期满后继续使用；②KIPO 可以要求申请人就实施情况等进行报告，或 KIPO 派遣员工进行相关账簿、文件的调查；③根据特定标准限制每项专利的实施人数；④未经韩国专利厅长批准，国有专利的非独占许可不得转让、转移或用于其他目的。

协议的其他限制还包括：①在合同期满时，申请人应在 15 天内附上国有专利权无偿实施要领第 9 条规定的销售业绩副本，向甲方提交"国有专利权无偿通商实施权结算书"；②根据以下标准限制每项专利的实施人数，即申请人的财政状况及国有专利权事业化计划；申请人在当前技术领域的工作经验及技术积累程度；无偿实施后有偿实施的可能性；申请按先后顺序进行受理。

2.3 专利开源的诉求与模式

2.3.1 诉 求

经过前述分析，可以发现，创新主体或组织往往对于专利开源有着不同的目的与诉求，并且这种目的与诉求会随着时间而变化。以特斯拉为例，在 2014 年第一次公开宣布专利开源时，整个新能源汽车领域尚处于起步阶段，产业链、技术储备尚不完善，也未得到市场的广泛认可，因而特斯拉进行专利开源的目的主要是开拓市场，通过专利开源这种独特的方式将相关厂商的注意力吸引到这个领域，从而为短时间内打通产业链的上下游起到辅助作用。特斯拉在 2019 年再次公开宣布专利开源时，已经正式量产新能源汽车，产业链和技术储备也已经基本完备，但一方面开始面对后来的竞争者，另一方面也正在遭受知识产权侵权纠纷的侵扰。因而，特斯拉进行专利开源的目的则是希望通过免费许可的方式影响相关企业的技术研发路线，在既定的技术路线上形成聚集作用，从而能够进一步巩固自己在新能源汽车领域的领先地位。因此，尽管特斯拉在 2014 年和 2019 年做了相同的事情，但诉求却有差别，反映的是产业、技术环境的变化。

OIN 成立的诉求则更为纯粹一些，主要目的是保护 Linux 系统免受专利侵权纠纷侵扰。OIN 并不是第一个为了构建开源软件专利生态所进行的尝试，实际上在某些开源软件协议中，例如 GPL、Apache 等，也会包括相关的专利许可条款，但是开源软件所涉及的专利权很大程度上并不掌握在软件贡献者手中，由于多数开源软件贡献者的组织十分松散，并不具有专利布局的能力，在开源软件的专利领域掌握有话语权的仍然是大型的软件公司，因而成效有限。但是随着 Linux 系统作为软件平台兴起，越来越多的软件企业开始在 Linux 平台上构建自己的服务，软件行业的主要盈利模式逐渐从卖软件向卖服务转变。此时原本属于软件开源组织的专利问题就变成了大家的问题，大型软件公司也有了保护 Linux 平台的动力，OIN 的成立恰好能够满足这种诉求，因而一开始 OIN 就不是由软件开源组织发起的，尽管软件开源组织可能在其中发挥了重要作用，但更应该注意到 OIN 的 5 家创始会员均是来自大型的软件公司。

KIPO 项目是一个比较独特的例子，KIPO 本身属于国家机构，更多的以专利政策的制定者和政府管理者的身份出现，很少主动作为专利运用的主体出现。但是韩国的国有专利申请量逐年攀升，也会面临着授权专利转化率偏低的问题，此时，KIPO 的角色就发生了转变。KIPO 在 2009 年提出了专利开源项目，将一部分韩国国有专利以附带期限限制的方式免费对国内企业许可。从其许可专利的技术领域来说，多数属于农业、生命健康等领域，并不属于韩国的优势产业，也与这部分专利转化率偏低有关。通过专利开源这种方式，KIPO 确实在一定程度上提高了国有专利的转化率，仅以专利贡献量最大的韩国农村发展管理局为例，在专利开源计划的 4 年后专利转让件数逐年增多，在 2018 年达到 6 件，而在 2009 年之前，该局未有过一件转让的记录。

Low Carbon 则是另一个比较独特的例子，将碳减排有关技术的专利在世界范围内进行免费许可，进而实现促进绿色环保的公益目的。但是参加该项目的主体主要来自计算机及软件相关领域，因而其贡献的专利多数也是在机房、服务器等领域的碳减排技术，占据碳排放主要份额的传统行业主体与技术却缺席。这一方面说明各领域主体对于开源专利这种创新方式的接受程度有明显差异，计算机及相关领域的企业接受程度要明显高于传统行业企业；另一方面也说明通过专利开源这种方式来实现公益诉求仍然任重道远。

大金公司是一家来自传统行业的开源主体，在专利开源领域并不多见。其开源了制冷剂 R32 相关设备的技术专利，开源专利中数量最多的技术分支为制冷剂泄漏保护，这与 R32 易燃易爆的特性有关。目前市场存在 R32 与 R410a 两种主流空调制冷剂，相较 R410a，R32 的安全性要差很多，但同时它也有碳排放与循环性能的优势。大金公司开源这部分专利，主要也是希望通过专利开源这种方式，能够将空调技术路线更多地聚集到 R32 这个方向上。

不同的专利开源项目，诉求是不同的。不同的开源诉求也会呈现出不同的专利开源模式。

2.3.2　模　式

课题组对 16 个专利开源项目从目的、组成形式、许可对象范围、技术领域限制、协议类型、许可承诺、许可期限、协议条款等维度进行了异同分析，分析结果详见附件。能够发现，如何运用专利开源是与开源主体的诉求紧密相关的，一个用于产品防御目的的项目与一个用于市场开拓目的的项目就会有很大的不同，一个用于社会公益目的的项目也会与一个用于技术聚集目的的项目有所不同。课题组对上述项目的异同进行了总结归纳，发现了一个开源项目一般具备的要素包括：开源主体、开源范围、许可对象范围、许可承诺类型、时间限制、协议类型和使用目的限制以及协议的关键条款，开源主体会依据其诉求在这些要素间进行不同的选择，从而构建出符合自己要求的专利开源项目，形成不同的专利开源运用模式。

2.3.2.1　专利开源的五种模式介绍

课题组进一步将开源项目的要素分为形式要素和协议条款要素，将上述专利开源模式总结为如表2-3-1和表2-3-2所示形式。

表2-3-1　专利开源模式-形式要素

	开源主体			开源范围			许可对象范围			许可承诺类型		时间限制		协议类型		使用目的限制	
	组织	个体	国家机构	全部	专利池	产品	社区	完全开放	国家限制	单方允诺	明示同意	有限制	无限制	通用协议	定制协议	有限制	无限制
开拓模式	√	√	×	○	√	×	○	√	×	√	√	○	√	√	×	×	√
聚集模式	√	○	×	√	√	×	√	√	×	√	√	○	√	√	×	×	√
防御模式	√	√	×	√	√	√	√	○	×	√	√	√	√	√	×	√	○
公益模式	√	√	√	√	√	√	○	√	○	○	√	√	√	√	×	√	○
转化模式	√	○	○	√	√	×	√	√	√	○	√	√	×	√	×	○	√

注：√表示优选，○表示次优选，×表示尽量避免。

表2-3-2　专利开源模式-协议条款要素

	协议关键条款							
	病毒条款	反向许可条款	不主张条款		可再专利性条款	权利用尽条款	转让限制条款	违约终止条款
			有限不主张条款	无限不主张条款				
开拓模式	○	○	√	○	√	√	√	√
聚集模式	○	○	√	○	√	√	√	√
防御模式	○	○	√	○	√	√	√	√
公益模式	○	×	√	○	√	√	√	√
转化模式	×	×	√	○	√	√	√	√

注：√表示优选，○表示次优选，×表示尽量避免。

五种模式的具体含义如下：

开拓模式：在产业形成的初期，希望通过专利开源迅速打通产业链，做大市场。这一模式通常存在于产业技术发展的初期，产业链上的技术还处于初步发展阶段。为了避免行业的同质化研发而导致的大量资源浪费，以及尽快促进产业形成更有优势的技术方向，创新主体通过专利共享，构建在特定行业中更加完整的专利生态，推动产业链的迅速发展，代表项目为特斯拉 2014 年的专利开源。

聚集模式：当产业存在多种技术路线时，企业通过专利开源将其他企业研发方向聚集到自身的技术路线上，形成竞争优势。这一模式有利于形成"虹吸效应"，推动某一特定技术方向的深入发展，特别是有利于掌握相关技术的开源主体成为行业龙头，代表项目为特斯拉 2019 年的专利开源。

防御模式：针对平台型的技术，通过专利开源吸引更多的参与者共同构建专利防御圈，使得相关产品免受专利侵权诉讼的侵扰。对于一些平台性技术，专利开源有利于促进其发展。然而，这些开源主体也需要自己的专利，以应对纷至沓来的专利纠纷，通过专利开源构建完整的专利防御体系，遏制日益增加的专利侵权诉讼，维持良好的合作氛围，代表项目包括 OIN、Patent Commons、Apache、GPL 等。

公益模式：出于公益的目的，专利开源可以实现绿色环保等领域专利技术的推广和利用，代表项目包括低碳专利承诺、Eco – Patent Commons 等。

转化模式：针对转化率偏低的专利，专利开源这种形式，促进其成果的转化与利用，代表项目为 KIPO 项目。

2.3.2.2　专利开源的形式要素和协议条款要素

构成一个专利开源的要素叫以分为包括开源主体、开源范围、许可对象范围、许可承诺类型、时间限制、协议类型、使用目的限制在内的形式要素和由各个重要条款构成的协议条款要素。

（1）形式要素介绍

开源主体：通常指开源项目的主导者或者发起者，可以分为企业或者个人，甚至国家。

开源范围：要构建针对特定产品和特定技术的专利生态，就需要确定对哪些专利进行开源。最为常见的是通过构建专利池进行开源，在一些特定模式下，还可以将开源的专利锚定在特定产品上；当然也可以选择将拥有的全部专利进行开源。

许可对象范围：专利开源既可以对开源社区成员进行开源，也可以对所有对象进行开源，还可以在特殊条件下对专利开源的对象进行限制。

许可承诺类型：指开源主体作出许可承诺的方式，包括单方允诺和明示同意两种类型。

时间限制：根据专利许可是否具有时间限制，可以分为有时间限制和无时间限制两种，通常专利开源项目设置为不附带期限的方式。

协议类型：既可以采用通用的协议格式，也可以针对特定的专利开源项目定制特有的协议。

使用目的限制：根据开源专利的使用是否有一定的目的限制，可以分为有目的限制和无目的限制。

（2）协议条款要素介绍

开源协议中一般会设置多种限定条款，这些条款对于开源项目的运行具有举足轻重的作用。一般开源项目包含的重要条款主要为病毒条款、反向许可条款、不主张条款、可再专利性条款、权利用尽条款、转让限制条款以及违约终止条款，现对以上各重要条款进行介绍。

病毒条款❶：如果被许可人使用了开源的专利，那么其后续基于开源专利而获得的专利也必须进行开源。这就如同病毒一样，在开源专利之间进行传染，因此称为病毒条款。

反向许可条款❷：如果被许可方使用了许可方的开源专利，那么被许可方现在拥有的以及未来可能获得的所有专利都需要被动反向许可给许可方。

不主张条款❸：如果被许可人加入开源项目后针对许可人提出侵权主张，那么许可人许可给被许可人的专利许可可在诉讼提起之日终止，或被许可人会遭受许可人提起的诉讼，可分为有限不主张条款与无限不主张条款两种。有限不主张条款与无限不主张条款的主要区别在于：有限不主张条款的主体和对象都是有限的，即仅涉及部分专利，涉及的被许可人需要满足一定的条件；而无限不主张条款的主体和对象都是无限的，即涉及所有专利产品，且涉及的被许可人是所有人。因此，无限不主张条款要求被许可人不能对许可人所有的专利产品提起诉讼，这就会产生事实上的反向许可。

转让限制条款：开源的专利后续进行转让时，开源协议依然作用于转让的专利。

可再专利性条款❹：被许可人可以在开源的专利基础上进行二次开发并且申请和主张相应的知识产权。

权利用尽条款❺：许可人授予被许可人的专利许可，可用于制造、使用或销售、进口相应的专利产品，即开源专利的免费许可顺延至集成商、销售商等产业链的各个环节，整个产业链均可从开源项目中获益。

违约终止条款❻：一旦被许可人发生开源协议中规定的违约行为，例如，提起侵权诉讼、存在违法行为等，那么被许可的专利权利即终止。

2.3.2.3　基于诉求运用专利开源模式

表2-3-1和表2-3-2从专利开源模式的形式要素与协议条款要素两个方面给出了针对不同的诉求应该如何运用专利开源模式。下面将以防御模式为例来进行进一步解释。

---

❶❷❸　陈琼娣. 开放创新背景下清洁技术领域专利开放许可问题研究［J］. 科技与法律，2016（5）：947.

❹　黄林. 保护高新技术企业专利的对策探讨［J］. 经济纵横，2011（3）：108.

❺　王广遇，黎琼. 可及性视角下专利药品平行进口法律规制研究［J］. 西部学刊，2021（1）：58.

❻　刘远山，余秀宝. 专利实施许可制度存在的问题及对策探究：以专利实施许可合同制度的完善为主视域［J］. 重庆理工大学学报（社会科学），2012，26（3）：31.

开源主体：相关产品遭受专利侵权的侵扰可能已是当前的事实，因而通过开源个别专利构建专利保护的"护城河"并不现实，如何将其他专利权人也拉入这个产品的圈子中就显得至关重要了，其中最关键的因素是产品的性质。这样的产品应该是一个平台类的产品，相关参与方只有都能从这个平台获利，其他专利权人才有加入的动力。产品满足这样的条件，无疑构建了远比个体更具前景的专利开源组织。

开源范围：既然要构建针对特定产品的专利防御生态，那么必然需要通过构建专利池开源相应的专利。另外，如果采用类似 OIN 的方案将所需开源的专利锚定在特定产品上，即没有明确的专利池，则通过对于特定产品的专利开源承诺同样可以达到相同的效果，并且也能免除维护专利列表的工作。上述两种方式都是优选的方案，但对于开源全部专利则不是一个必需的选择。

获取方式：如果构建了专利开源组织，无疑无限制的会员方式是一个较优的方案。这种方式既可以明晰双方的权利与义务，又可以基于社区进行专利开源的传播，形成更大的影响力，构建更为广泛的防御生态。此外，通过明示确认的方式声明使用开源专利，同样能够达到明晰双方权利与义务的关系，而非使得双方的权利与义务不清晰，社区缺乏必要的专利贡献者，不利于专利生态的构建。

协议类型：通过对 16 个专利开源项目的分析发现，几乎所有的专利开源项目都采用了通用的协议格式。这是因为通用的协议格式可以明显降低双方的许可成本，并且也可以消除潜在歧视性条款，更接近 FRAND 原则。

目的限制：由于防御诉求往往局限于特定的产品，因而其目的具有天然的有限性，在此加入目的性条款属于比较正常的限制。

时间限制：时间限制对于防御模式来说并不是十分关键，通常开源项目会允许贡献者加入时间限制声明。

协议条款：对于防御模式来说，如果采用组织形式来构建开源项目，那么不主张条款无论从行权的主体还是客体来看都是有限制的，即不主张条款的主体仅限于会员之间，客体仅限于特定的产品，这是最优的选择。由于防御诉求的目的性有限，因而也没有必要对可再专利性与权利用尽事项进行限制。另外，对于违约责任的划分任何时候都是必要的。反向许可与病毒条款则要慎用，对于有限性的目的没有必要采用过于激进的专利许可条款。

2.4　本章小结

本章首先简要介绍了专利开源的发展过程，收集 OIN、Apache 等 16 个专利开源项目，对其基本情况、参与方式、开源协议条款、开源项目各方的权利与义务，以及其他限制条件等内容进行了分析，得出创新主体或组织对于专利开源有不同目的与诉求。其次，进一步从目的、组成形式、许可对象范围、技术领域限制、协议类型、许可承诺、许可期限、协议条款等更为具体的维度对专利开源项目之间的异同进行了分析对比，概括出开源项目一般具备的开源主体、开源范围、获取方式、协议类型、目的限制、时间限制以及协议的关键条款等要素，归纳总结出了开拓模式、聚集模式、防御模式、公益模式和转化模式这五种专利开源模式。最后，从专利开源模式的形式要素与协议条款要素两个方面给出了创新主体针对不同的诉求应该如何运用专利开源模式的建议。

第3章 专利开源项目的专利分析

本章依据专利开源的五种模式在不同行业中分别选取出了 OIN、特斯拉、Low – Carbon、大金公司、KIPO 项目这五个具有代表性的开源项目；从开源专利的申请年份分布、技术领域分布、专利地域分布等角度入手，根据同族被引证次数、扩展同族数量、转让次数、专利权维持年限以及是否属于新兴产业这五个维度构建价值度模型；利用该价值度模型计算得到开源项目的价值度，进一步对上述五个开源项目在价值度、持续性等方面进行专利分析。

3.1 OIN 专利分析

3.1.1 开源项目持续性

OIN 成立于 2005 年，通过专利转让和专利申请两种模式，形成 350 件专利和专利申请的开源列表，其中包含有效专利 266 件，通过专利转让购买的专利为 68 件，占比 26%，作为申请人申请的专利为 198 件，占比 74%。由图 3 – 1 – 1 可以看出，在成立之初，OIN 主要通过专利转让获得有效专利，这部分有效专利的申请年份分布在 2002 ~ 2018 年，并集中分布在 2008 ~ 2013 年；自 2012 年开始，OIN 通过自身技术开发完善开源战略，专利申请量逐年增加，2016 ~ 2018 年均有 30 余件专利申请，反映出 OIN 专利开源具有一定的可持续性。

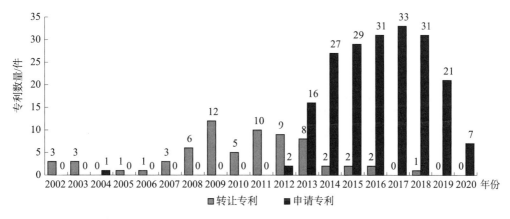

图 3 – 1 – 1 OIN 开源有效专利的申请年份分布

OIN 转让专利与申请专利的技术领域均涉及内核、通信、应用和人工智能等相关技术，内核技术也均是核心技术，两种模式的技术关联度高，在一定程度可以反映出 OIN 关注的技术是明确且稳定的，这与组织自身特点也是密切相关的。如图 3 − 1 − 2 所示，在转让专利中，内核技术占比 43%，其次为通信技术和应用，分别占比 28% 和 23%；对于申请专利，内核技术占比 56%，超过一半比例，其次同样为通信技术和应用，分别占比 23% 和 20%。

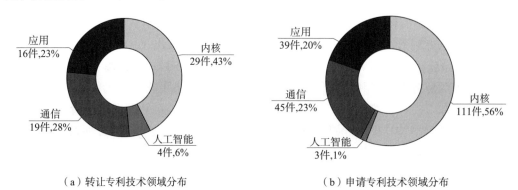

（a）转让专利技术领域分布　　　　　　（b）申请专利技术领域分布

图 3 − 1 − 2　转让专利与申请专利技术领域分布情况

通过检索发现，OIN 共提交专利申请 904 件，其中有效专利 699 件。该 699 件有效专利中开源专利 198 件，未开源专利 501 件。图 3 − 1 − 3 示出了两种类型的分布情况，可以发现，历年的开源专利占比较为均匀。开源专利均在美国申请，未开源专利申请国家主要分布在美国、欧洲和澳大利亚，其中美国占比 97%，也是最大的申请国。

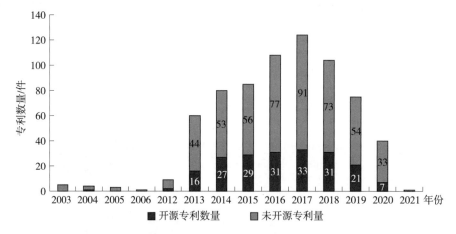

图 3 − 1 − 3　OIN 申请的有效专利中开源与未开源情况对比

OIN 通过作为受让人购买技术专利之外，也通过转出专利实现技术转让。699 件有效专利中，440 件专利权仍属于 OIN，259 件转让给 IBM、飞利浦、谷歌、Red Hat 等 15 家企业。转出数量最多的 3 家企业均为 OIN 社区的资助方，反映出 OIN 与这些企业在技术上的相关性。

3.1.2　开源专利的技术领域分布和价值度分布

（1）技术领域分布

通过对 OIN 拥有的 266 件有效专利进行技术分析发现，如图 3 - 1 - 4 所示，主要涉及内核、人工智能、通信和应用等技术领域，涉及内核技术的专利为 140 件，占比最高，为 53%，其次为通信技术，占比为 24%。

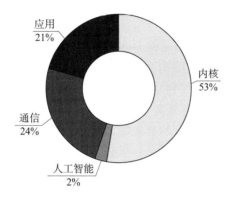

图 3 - 1 - 4　OIN 开源专利技术领域分布情况

对全部有效专利进行两级技术分解，内核技术领域主要包含存储管理、进程管理、设备驱动、文件管理和应用管理；人工智能技术领域主要包含跟踪检测、图像处理和自然语言处理；通信技术领域主要包含设备定位、通信控制和移动通信；应用技术领域主要包含区块链、视频游戏、虚拟化和云计算，如表 3 - 1 - 1 所示。

表 3 - 1 - 1　OIN 开源专利技术领域分解

一级分支	二级分支
内核	存储管理
	进程管理
	设备驱动
	文件管理
	应用管理
人工智能	跟踪检测
	图像处理
	自然语言处理
通信	设备定位
	通信控制
	移动通信

一级分支	二级分支
应用	区块链
	视频游戏
	虚拟化
	云计算

OIN 专利开源社区主要开源的是与 Linux 系统相关专利，所以其开源专利主要集中在内核技术领域。从图 3 - 1 - 5 可知，在 2008 年以前各技术领域开源专利的数量都较少。从 2011 年开始，内核相关专利开始大量开源，每年开源十几件，且开源持续性较好；通信领域相关专利在 2009 年开源了 6 件，后面开始减少，到 2014 年以后才恢复到每年 5 件以上；应用领域相关专利的开源数量是在 2015 年后才开始稳步上升；人工智能技术领域不是 OIN 主要开源的方向，一共仅开源了 6 件专利。

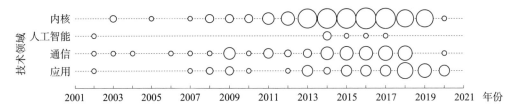

图 3 - 1 - 5 OIN 开源专利技术领域年度分布情况

注：图中气泡大小表示开源专利的多少。

（2）总体价值度分布

通过对 OIN 开源的专利转让次数、同族被引用次数、扩展同族数量、维持年限和新型产业分类五个维度进行价值度整体分析，价值度分布情况如图 3 - 1 - 6 所示。在 266 件有效专利中，最高价值度得分 9.85 分，最低价值度得分 2.94 分，平均价值度得分 5.63 分，主要得分集中在 4 ~ 7 分，5 分以上专利的占比为 62.4%，可见，其开源专利的整体价值度中等偏上，质量较高。

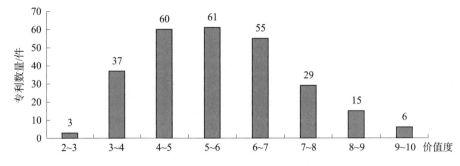

图 3 - 1 - 6 OIN 开源专利的总体价值度分布

（3）技术领域价值度分布

如图 3-1-7 所示，在 OIN 的四个一级技术领域中，内核领域的价值度最高，为 5.9，其次是人工智能领域，价值度为 5.8，最后两个是应用领域和通信领域，价值度分别为 5.6 和 5.2。OIN 四个一级技术领域的平均价值度均在 5 分以上，再次证明 OIN 开源专利的整体价值度较高，尤其是内核领域相关专利，质量较好。

在内核领域中，主要开源的专利集中在应用管理和进程管理两个技术分支中，开源专利的数量分别是 57 件和 49 件。在应用领域中，主要开源的专利集中在虚拟化技术分支中，开源专利的数量是 37 件。在通信领域中，主要开源的专利集中在通信控制技术分支中，开源专利的数量也是 37 件。人工智能领域开源专利的数量最少，一共才开源了 7 件，可见，人工智能领域并非 OIN 主要侧重的领域。

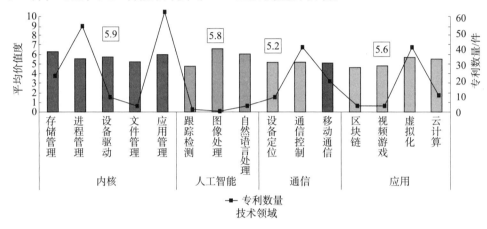

图 3-1-7　OIN 开源专利的技术领域价值度分布

（4）国家价值度分布

如图 3-1-8 所示，OIN 的 266 件有效专利包括 262 件美国专利、1 件欧洲专利、3 件中国专利。1 件欧洲专利和 3 件中国专利均涉及通信控制领域。1 件欧洲专利价值度得分为 7.84 分，3 件中国专利价值度得分为 5.17 分，美国专利价度得分为 5.63 分。根据其开源专利的国家分布可知，OIN 开源专利的主要市场在美国，拥有美国业务或市场的中国互联网企业可以考虑加入 OIN 开源社区中。

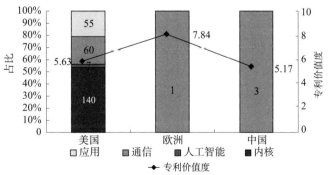

图 3-1-8　OIN 开源专利的国家价值度分布

3.1.3 OIN 的会员分布和开源组件包分布

（1）会员分布

OIN 成立之时，软件开源还处于萌芽状态，大多数软件开发者都处于"闭门造车"的状态。OIN 成立时获得了谷歌、IBM、NEC、飞利浦、索尼、SUSE 和丰田等企业的大力支持，现已拥有超过 3800 个会员，OIN 已经发展成为庞大的"专利非侵犯"社区。如图 3 - 1 - 9 所示，大部分会员分布在美洲、欧洲、亚洲及太平洋地区，会员占比分别为 40.6%、31.6% 和 26.1%，加入 OIN 社区的组织都能以免许可费的方式获得 OIN 专利许可和社区成员之间的交叉许可。可见，在美洲、欧洲、亚洲及太平洋地区软件开源得到了蓬勃发展。

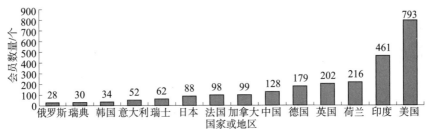

图 3 - 1 - 9　OIN 主要会员地区/国家分布❶

（2）会员所属领域分布

OIN 会员主要分布在计算机软件、信息技术与服务、商业和专业服务、计算机网络与安全以及技术硬件和设备领域，见图 3 - 1 - 10，其会员占比为 79.3%。

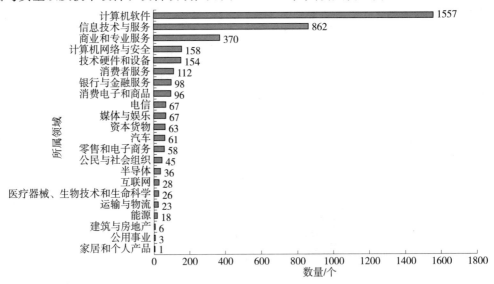

图 3 - 1 - 10　OIN 会员所属领域分布

---

❶　该图仅列举部分主要地域。

（3）OIN 组件包的领域分布

就 OIN 社区会员而言，会员之间专利互不侵犯的范围取决于开源网络社区对 Linux 系统的定义。经过多年发展，OIN 现有组件包已接近 7000 个，规模的扩大确保了全球开源项目与技术平台上的行动自由，其组件包的分布情况如图 3－1－11 所示，包括常用包、基础操作系统、桌面、软件开发、网络、企业计算、安全、移动、存储、云计算、网页、嵌入式、汽车、配置管理、区块链、硬件开发和深度学习等。

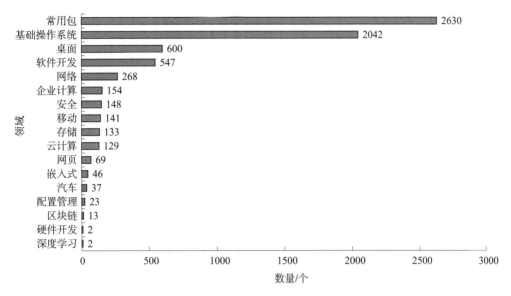

图 3－1－11　OIN 组件包的领域分布

3.2　特斯拉专利分析

3.2.1　开源项目持续性

特斯拉在 2014 年首次提出将其全部专利进行开源，并在 2019 年重申了该开源项目。图 3－2－1 示出特斯拉的开源专利数量 2010—2021 年各年份的分布情况。从中可以看出，特斯拉在首次宣布专利开源之后的次年，也即 2015 年的专利申请量达到其峰值，为 132 项；而重申专利开源的前一年，也即 2018 年的专利申请量也达到 109 项。可见，特斯拉并没有因为专利开源而减少专利申请，反而在宣布专利开源后每年始终保持着较高的专利申请量，因此其专利开源具有良好的持续性。

图 3－2－1 同时提供了特斯拉在 2013 年成立以来的全球汽车销量和财年营收情况。可以明显看出，特斯拉在全球的汽车销量和财年营收基本处于指数增长的状态，表明专利开源实际上对企业发展起到一定的促进作用。

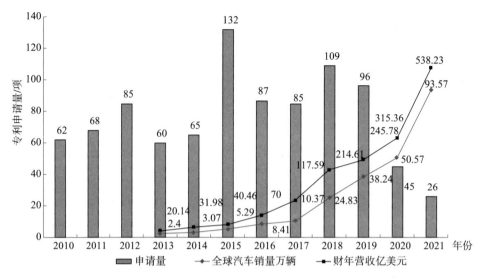

图 3 - 2 - 1　特斯拉开源专利的申请年份分布

3.2.2　开源专利的技术领域分布和价值度分布

图 3 - 2 - 2 显示出特斯拉开源专利的价值度分布情况。特斯拉开源专利的平均价值度为 5.24。而从价值度分布图来看，价值度处于 4～6 分的中等水平的专利数量最多，为 447 项；此外，有 334 项专利的价值度处于 6～8 分的较高水平。由此可见，特斯拉的开源专利中超过 90% 专利的价值度在中等以上水平。

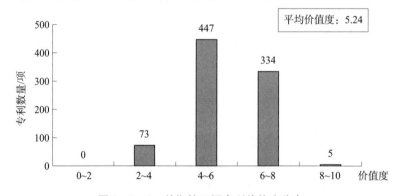

图 3 - 2 - 2　特斯拉开源专利价值度分布

（1）开源专利技术领域价值

特斯拉的开源专利主要分布在用户界面、电控、光伏技术、锂电池、驱动电机、元器件、车辆零部件、汽车相关的数据处理技术、自动驾驶和其他几个技术分支。其中，锂电池、驱动电机和电控被称为电动汽车的"三电"系统，是电动汽车最为关键的技术分支。特斯拉在锂电池和电控两个技术分支的专利数量相对较高；用户界面、自动驾驶和汽车相关的数据处理技术是汽车电子的重要组成部分，然而这三个技术更多地以源代码的形式呈现，因此相应的专利数量较少；光伏技术的专利主要来源于特斯拉下属的光城公司，其在电网、光伏充电等技术领域持有大量专利，为特斯拉电动汽车充电桩等设施提供了充足的技术储备。此外，作为典型车企，特斯拉还拥有一定数量的车辆零部件和元器件相关专利。

图3-2-3同时显示出特斯拉开源专利中各个技术的平均价值度，可以看出，用户界面、电控、光伏技术、锂电池、驱动电机这五个与电动汽车尤为相关的技术分支的平均价值度均在5.5以上，表明特斯拉在新能源汽车领域的专利质量较好。

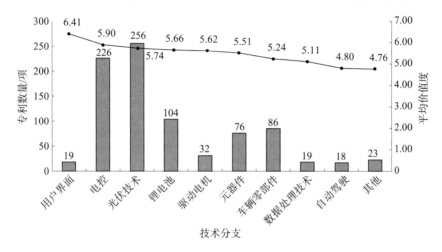

图3-2-3　特斯拉开源专利各技术分支的专利数量及其平均价值度

（2）技术领域专利年度分布

图3-2-4显示了特斯拉各个技术分支的专利数量随申请年份的分布情况。从中可以看出，特斯拉在电控、光伏技术、锂电池这三个电动汽车的重要技术分支以及车辆零部件和元器件这两个汽车最基本的技术分支上每年均会新增一定数量的专利；而用户界面、自动驾驶和汽车相关的数据处理技术本身的专利数量较少，因而专利申请并没有表现出连续性；驱动电机并不属于特斯拉的主要研究方向，因而每年仅有很少量的新增专利申请。可见，特斯拉在其主要研发方向上始终保持着稳定的专利数量增长，其专利开源也具有较好的持续性。

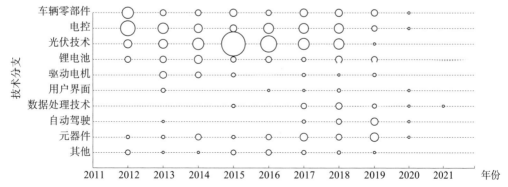

图3-2-4　特斯拉开源专利各技术分支的申请年份分布

（3）开源专利国家价值度分布

特斯拉的开源专利具有明显的地域差异。从图3-2-5可以看出，特斯拉的专利开源集中在美国。由于特斯拉将其全部专利进行开源，因此专利开源策略与专利布局策略基本一致，大量的专利仅在本国进行申请，在其他国家和地区则根据当地的市场情况进行相应的专利布局。同时，在各个技术分支中，电控和锂电池作为电动汽车的最核心的技术，在中国、欧洲、日本和韩国的专利数量均明显高于其他技术分支在该国家/地区的专利数量。

从价值度的角度来看，特斯拉在美国、欧洲和日本的专利价值度明显高于在中国和韩国的专利价值度，表明特斯拉更加关注欧洲和日本这两个海外电动汽车市场。

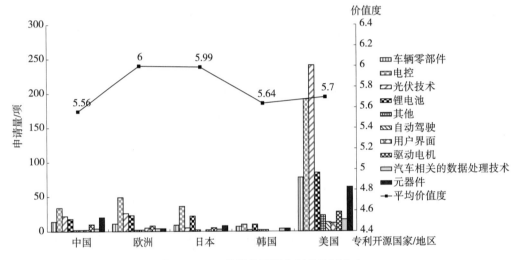

图3-2-5 特斯拉开源专利的地域分布

3.2.3 特斯拉和国内重要电车企业专利对比

图3-2-6和图3-2-7分别显示了特斯拉和国内重要电动汽车相关企业的专利数量和价值度对比。比亚迪、蔚来和小鹏分别是国内重要的电动汽车企业，在国内电动汽车市场占据较高的市场份额，宁德时代是国内最大的电池企业，为国内和其他国家的电动汽车提供动力电池，因此选取这四家国内企业与特斯拉进行对比。可以发现，在专利数量方面，特斯拉在中国的专利申请量明显低于国内这几家企业。然而，虽然特斯拉在中国的专利价值度较高，但国内主要电动汽车相关企业掌握着大量的电动汽车相关专利技术。特斯拉的开源专利项目在中国并不能体现出其优势。

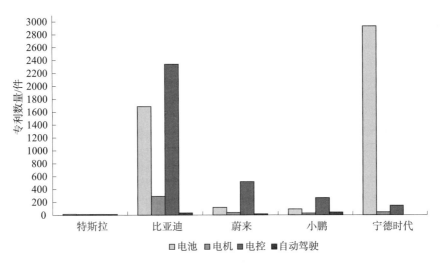

图 3 - 2 - 6　特斯拉和国内重要电动汽车相关企业专利数量对比

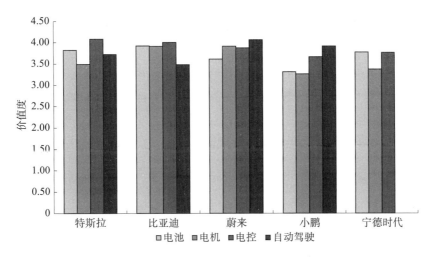

图 3 - 2 - 7　特斯拉和国内重要电动汽车相关企业专利价值度对比

3.3　Low - Carbon 专利分析

3.3.1　开源项目持续性

Low - Carbon 项目的发起时间是在 2021 年，其中涉及了 69 件已经失效的专利。图 3 - 3 - 1 反映的是所有的专利分布情况，可以看出 Low - Carbon 项目的开源专利主要来自 2003～2017 年的相关专利，且 2003～2017 年，专利数量逐渐增长。

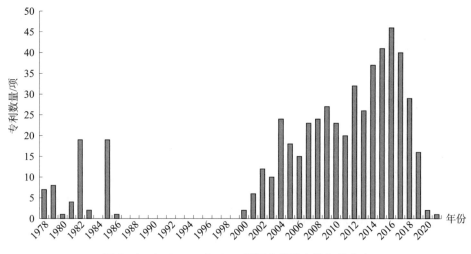

图 3 - 3 - 1 Low - Carbon 开源专利的申请年份分布

3.3.2 开源专利的技术领域分布和价值度分布

（1）总体价值分布

如图 3 - 3 - 2 所示，Low - Carbon 开源专利的价值度主要集中在 6 ~ 8 分，平均价值度为 6.34，要明显高于后面提到的 KIPO 项目的平均价值度（4.99）。该项目的发起人以及后续的贡献者主要是高科技公司，贡献的专利价值也较高，可见为了促进该项目的有效实施，贡献者确实提供了相对有价值的专利。

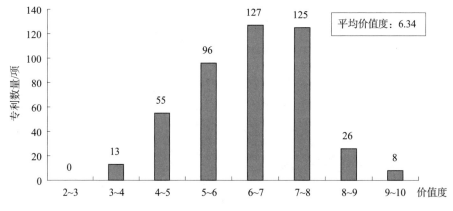

图 3 - 3 - 2 Low - Carbon 开源专利的价值度分布

（2）技术领域价值

图 3 - 3 - 3 反映了在各个技术分支领域的开源专利数量以及平均价值度。可以看出，其中数据运算与处理涉及专利数量虽仅有 72 件，但平均价值度较高；电子设备与装置的专利数量较多，但平均价值度较低。

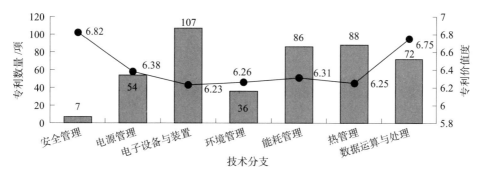

图 3 - 3 - 3　**Low - Carbon 开源专利各技术分支专利数量及其价值度分布**

（3）技术分支的申请年份分布

图 3 - 3 - 4 反映了开源专利在各个技术分支领域的专利申请趋势，气泡大小可以反映在该年的申请数量。2002 ~ 2021 年，各领域的专利数量呈现的趋势并不相同。其中电子设备与装置在 2006 ~ 2008 年的申请量较大，后续几年减少，然后在 2014 年前后又有所增加，体现出了技术发展的连续性；能耗管理和热管理的专利数量在 2007 年之后始终维持在一定水平；环境管理和数据运算与处理的专利数量在近几年有了明显增长；安全管理和电源管理的专利数量较低。

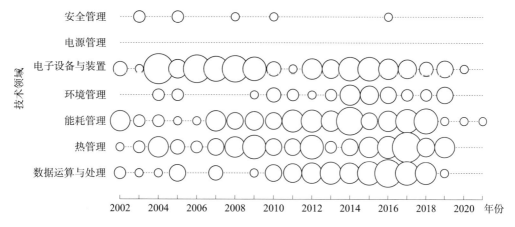

图 3 - 3 - 4　**Low - Carbon 开源专利各技术领域的申请年份分布**

注：气泡的大小反映申请量的多少。

3.4　大金公司专利分析

3.4.1　开源项目持续性

大金公司在其官方网站上给出的开源专利列表共包括 419 件专利，除去失效专利后，为 385 件。大金公司开源专利的申请年份分布如图 3 - 4 - 1 所示。根据大金公司对其专利承诺的说明，此次专利开源是针对在 2011 年后的专利申请，并且开源专利列表显示最后的更新时间是 2022 年 7 月 1 日，因此开源专利的申请年份是 2012～2022 年。从图 3－4－1 中可以看出，大金公司的开源专利申请年份集中分布在 2013～2020 年，除了 2014 年和 2017 年的开源专利数量较少之外，每年开源专利数量均在 40 件以上，尤其是在 2020 年开源专利数量已经达到 58 件。可见，大金公司的专利开源具有较好的持续性。

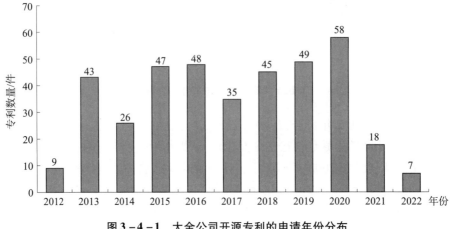

图 3－4－1　大金公司开源专利的申请年份分布

3.4.2　开源专利的技术领域分布和价值度分布

图 3－4－2 显示出大金公司开源专利的价值度分布情况。在大金公司的全部开源专利中，专利价值度最高为 7.60 分，专利价值度最低为 2.65 分，平均价值度为 5.06 分。而从价值度分布图上来看，价值度在 3～4 分区间的专利数量最多，达到 122 件，占开源专利总量的 31.7%；接近平均价值度的 4～5 分和 5～6 分区间的专利数量为 128 件；超过 6 分的价值度较高的专利数量为 119 件。由此可见，虽然大金公司的开源专利价值度属于中等水平，但其具有不少价值度相对较高的专利，可以为后续单组分 HFC 32 设备的发展提供技术储备。

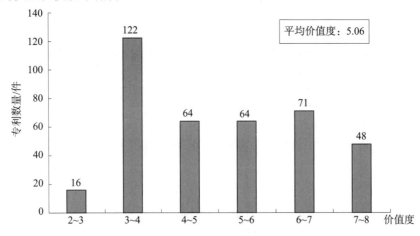

图 3－4－2　大金公司开源专利价值度分布

（1）开源专利技术领域价值

在分析大金公司开源专利的整体价值度分布后，进一步分析不同技术分支的专利价值度情况。大金公司的开源项目围绕单组分 HFC - 32 设备进行技术开源，技术分支主要分为两大类：一是制冷系统，包括制冷剂泄漏保护、制冷剂循环装置、制冷系统压缩机以及除压缩机之外的其他部件；二是空气调节系统，包括空气调节系统控制、空气调节系统设备以及除空气调节设备之外的其他部件。图 3 - 4 - 3 显示出每个技术分支的开源专利数量及其平均价值度。其中，制冷系统和空气调节系统的开源专利数量分别为 278 件和 107 件。具体地，制冷系统中的制冷剂泄漏保护开源专利为 169 件，占比 43.9%；制冷剂循环装置开源专利为 30 件，占比 7.8%；制冷系统压缩机开源专利为 76 件，占比 19.7%；制冷系统其他部件开源专利有 3 件。空气调节系统控制开源专利为 69 件，占比 17.9%；空气调节系统设备开源专利为 29 件，占比 7.5%；空气调节其他部件有 9 件。

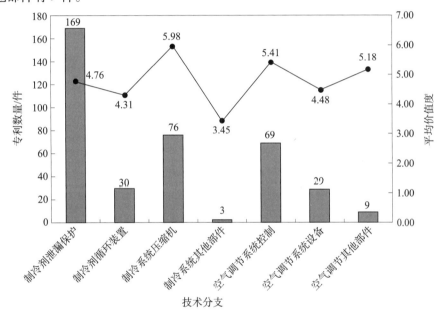

图 3 - 4 - 3　大金开源专利在各技术分支的专利数量及其平均价值度

无论与之前广泛使用的 R22 制冷剂，还是替代 R22 制冷剂的 R410a 制冷剂相比，HFC - 32 制冷剂的物理特定均有一定差异。于是在将单组分 HFC - 32 制冷剂应用于已有制冷系统中时，制冷系统的制冷能力与制冷效率可能会出现一定程度的降低，需要对原有制冷系统的结构、部件进行重新设计，才能达到与原制冷系统等同或更高的能效。此外，就空调机等而言，当制冷剂从制冷剂回路泄漏到室内使得室内制冷剂浓度增高时，由于制冷剂所具有的急性毒性、可燃性，因此有可能发生中毒事故、燃烧事故、窒息事故等。而 HFC - 32 制冷剂的可燃性高于 R22 等制冷剂，因而发生上述事故的可能性提高，那么对于制冷剂泄漏保护的要求，则随之提高。因此，大金公司针对单组分 HFC - 32 设备的开源专利主要集中在制冷系统，尤其是制冷剂泄漏保护方面。

各个技术分支的开源专利平均价值度与开源专利数量总体上呈一定相关性，即开源专利数量较高的技术分支，平均专利价值度也相对较高。例如制冷剂泄漏保护、制冷系统压缩机、空气调节系统控制这三个开源专利数量最高的技术分支相应的平均价值度也较高；而制冷剂循环装置和空气调节系统设备这两个技术分支的平均价值度则相对较低；制冷系统其他部件和空气调节其他部件这两个技术分支由于专利数量较少，所包含的技术内容较繁杂，平均价值度的参考意义较为有限。可见，大金公司的开源专利集中在平均价值度较高的专利申请中，其希望通过专利开源的途径推动单组分HFC-32制冷设备的发展。

（2）技术领域专利价值度评价指标分布

如图 3-4-4 所示，评价专利价值度的 5 项指标分别为转让次数、家族被引证次数、扩展同族数量、维持年限和新兴产业。对于转让次数，大金公司成立于 1924 年，是集空调、冷媒以及压缩机的研发、生产和销售于一体的跨国企业，具有完备的制冷系统和空调机研发生产经验，所有开源专利均为企业自身研发成果，不涉及专利权的转让，因而每个技术分支的转让次数分值都为最低分；对于家族被引证次数，制冷系统和空调机并不如电动汽车、互联网等热门技术领域具有很高的研发热度，家族被引证次数超过 30 的开源专利申请仅有 8 项，分布在制冷剂泄漏保护、制冷系统压缩机和空气调节系统控制三个技术分支，并且这三个技术分支在该项指标的分值相对较高；对于扩展同族数量，由于大金公司在全球制冷系统和空调机行业具有很高的市场份额，因此在全球多个主要发达国家和发展中国家均有专利布局，其开源专利在各个技术分支的该项指标分值都很高；对于维持年限，大金公司的开源专利的申请日从 2012 年至 2022 年，其维持年限相应地在 1 年至 10 年之间，在这个区间内维持年限对应的分值与维持年限正相关，可见制冷系统压缩机和空气调节系统控制这两个技术分支的申请日相对较早，制冷剂泄漏保护、制冷剂循环装置、空气调节系统设备的申请日则相对较晚，由此可以看出其研发重点的转移；对于新兴产业，制冷系统和空调机均属于新兴产业，因而各技术分支在该项指标的分值相对均衡。

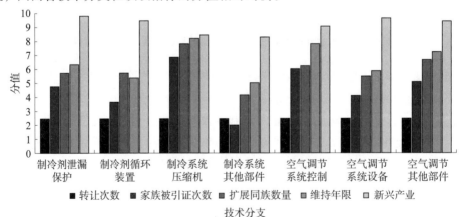

图 3-4-4 大金公司开源专利各技术分支在价值度各指标的分值分布

综合比较而言，制冷剂泄漏保护、制冷系统压缩机、空气调节系统控制这三个平均价值度较高的技术分支中，空气调节系统控制在全部价值度评价指标中均排名前列，是大金公司开源专利中最有价值的技术分支；制冷系统压缩机的家族被引证次数和维持年限的分值都很高，表明其是大金公司以及行业中其他企业都很重视的分支；制冷剂泄漏保护的申请日与制冷系统压缩机的申请日相比较晚，但该技术分支是研发热度较高的领域，并且大金公司在该技术分支的技术能力也很突出。

（3）技术分支的申请年份分布

图 3-4-5 显示出大金公司开源专利各技术分支随申请年份的变化趋势。可以看出，在大金公司的开源专利中，2012 年主要集中在制冷剂泄漏保护和制冷系统压缩机两个技术分支，但是到 2015～2016 年就出现明显的研发重心转移。制冷剂泄漏保护在2015 年的专利数量增至 12 项，虽然 2016 年起出现专利数量下降，但随后仍然继续增长，到 2020 年已经增至 18 项；而制冷系统压缩机的专利数量则减少较为明显，直至2019 年才开始有少量专利增长。空气调节系统控制和空气调节系统设备两个技术分支先后在 2013 年和 2014 年开始申请专利并在此后均保持一定的专利数量，但空气调节系统控制的研发明显集中在 2015～2018 年，从 2020 年起开源专利数量明显减少。制冷剂循环装置的开源专利数量虽然不多，但从 2013 年基本贯穿至 2021 年，具有一定的研发连续性。

由此可以看出，制冷剂泄漏保护和制冷系统压缩机这两个技术分支是单组分 HFC-32设备的关键技术，技术发展相对连贯。

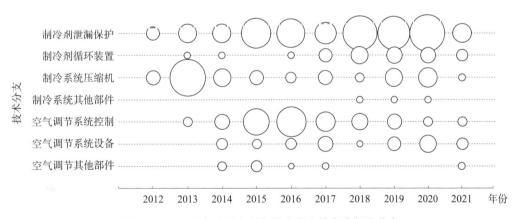

图 3-4-5　大金开源专利各技术分支的申请年份分布

（4）开源专利地域分布

大金公司在不同国家/地区的开源策略有所不同。大金公司的 385 件开源专利合并同族后为 174 件，主要面向日本、欧洲、中国、美国、澳大利亚、巴西、印度、韩国、沙特阿拉伯、泰国、印度尼西亚和阿联酋。从图 3-4-6 可以发现，大金公司在不同国家/地区的开源专利数量具有明显差异。日本、欧洲、中国、美国和澳大利亚是专利开源数量最多的五个国家/地区。大金公司虽然在日本的开源专利数量最多，达到 125件，但与 174 件开源专利仍相差 49 件，表明部分在其他国家/地区开源的专利并未在日本本国进行开源；但同样地，大金公司有 75 件开源专利仅在日本进行布局，并没有同时在其他国家/地区进行专利申请，更不必说进行专利开源。此外，大金公司在欧洲的开源专利有 62 件，接近在日本开源专利的 1/2，而在中国、美国和澳大利亚的开源专利数量分别仅为 52 件、40 件和 27 件。可见大金公司并不是一味地将某项技术在所有同族国家/地区中进行专利申请并开源，而是选择性地在部分国家/地区进行专利布局，并根据该国家/地区的技术发展情况而有针对性地进行专利开源。总体来说，大金公司更加重视单组分 HFC－32 设备在本国的技术推广应用。

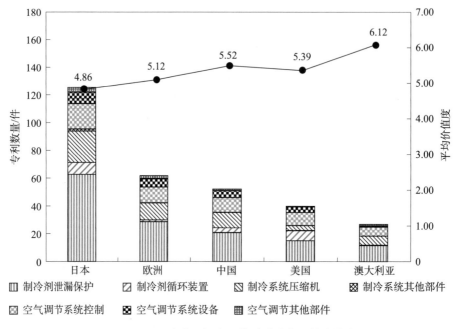

图 3－4－6 大金开源专利的地域分布及其价值度

大金公司在不同国家/地区的开源专利技术侧重点基本一致。制冷剂泄漏保护、制冷系统压缩机和空气调节系统控制是在大金公司的 174 件开源专利中数量最高的三个技术分支。大金公司在日本、欧洲、中国和澳大利亚也更加侧重于这三个技术分支的专利开源，但在美国的专利开源中制冷系统压缩机的专利数量所占比例较低，而制冷剂循环装置的专利数量所占比例则较高，也佐证了大金公司对于专利开源的地域选择性。

就专利平均价值度而言，大金公司在日本的开源专利平均价值度为 4.86，接近大金公司所有开源专利的平均价值度 5.06，这是由于绝大多数的开源专利均在日本进行开源，专利平均价值度的计算样本重合度较高；而大金公司在欧洲、中国、美国和澳大利亚的开源专利平均价值度均大于 5，尤其是在澳大利亚的开源专利平均价值度达到 6.12。这是由于专利申请人通常将价值度较高的专利在除本国之外的国家/地区进行专利布局，而价值度越高，其专利布局的国家/地区数量往往越多，因而在欧洲、中国和美国这些重要的目标市场国家/地区的专利平均价值度要高于日本的专利平均价值度；而澳大利亚并不是通常意义上的重要目标市场国家，因而在澳大利亚进行专利布局表明大金公司对相应专利的重视程度更高，其价值度必然也明显高于其他专利。

3.5　KIPO 项目专利分析

3.5.1　开源项目持续性

KIPO 项目开源专利申请时间都比较早，从 KIPO 官网上获取的开源专利列表最新更新时间为 2009 年，之后的开源专利列表没有相关数据（截至 2009 年，该列表中共包含开源专利 1493 项）。KIPO 项目开源专利是连续三年不使用的闲置专利，从图 3 - 5 - 1可以看出，1992 ~ 2008 年，每年均有分布，且趋势上看是增加的趋势，在 2006 年前后数量达到峰值，表明这一年申请的专利中闲置专利数量最多，提高专利运用的需求更加迫切。

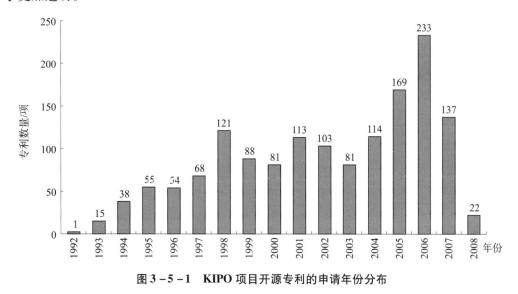

图 3 - 5 - 1　KIPO 项目开源专利的申请年份分布

3.5.2　开源专利的技术领域分布和价值度分布

（1）开源专利的总体价值分布

如图 3 - 5 - 2 所示，KIPO 项目开源专利的价值度大部分在 4 ~ 6 分，属于及格水平。KIPO 项目专利的平均价值度为 4.99 分，低于其他项目专利的平均价值度。可见开源的闲置专利本身价值度不高，在专利运用中相应主体的积极性不够高，这与 KIPO 项目提升闲置专利运用的这一目的是一致的。

（2）技术领域价值

图 3 - 5 - 3 反映了开源专利在各个分支领域的专利数量以及平均价值度。可以看出，其中信息技术由于主要涉及通信、信息处理等高科技技术，专利数量虽仅有 160 项，但平均价值度较高，可见该领域的专利运用较为充分，闲置专利数量并不多。而

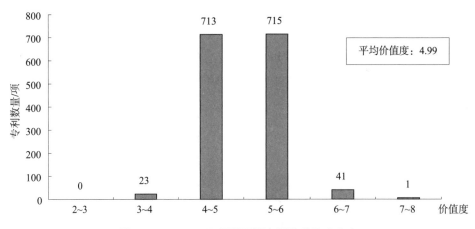

图 3 - 5 - 2　KIPO 项目开源专利的价值度分布

涉及运输、造纸等技术的工业制造，技术相对传统一些，数量更多一些，平均价值度较低，可见相应对该领域专利技术的选择意愿不够强，运用不够充分。而农业技术涉及的专利数量最多，专利价值度略低于平均价值度水平，在专利运用中需要发力更多。

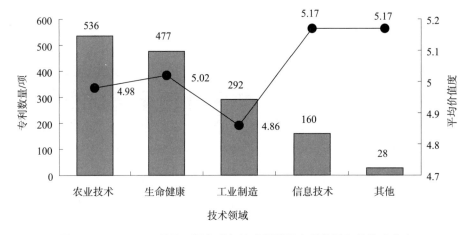

图 3 - 5 - 3　KIPO 项目开源专利各技术领域的专利数量和价值度分布

（3）申请趋势看分支价值

图 3 - 5 - 4 反映了开源专利在各个分支领域的专利申请趋势分布。1995 ~ 2007 年，各领域的专利数量呈现增长趋势。2006 年，各领域申请量均较大，该年的整体闲置数量最多。农业技术领域在各年的申请量均较大，可见技术积累虽较为丰厚，但专利运用不够充分，闲置专利累计较多。

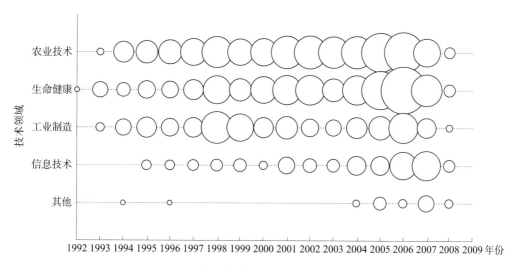

图 3 – 5 – 4　KIPO 项目开源专利各技术领域的专利申请年份分布

注：气泡的大小反映申请量的多少。

3.5.3　韩国优势领域与开源专利涉及领域对比分析

2008 年韩国的优势产业主要包括：电子（半导体、显示器、手机）、钢铁、造船、汽车、机械、石油、文化产业等，而从图 3 – 5 – 5 可以看出，开源专利主要分布在微生物、种植、农产品、畜牧业、化学、医学等领域，不属于韩国的优势产业，符合其开源专利为获授权后闲置三年的国有专利的政策。反过来可以说明，在韩国本土优势领域，专利运用较为充分，为提高整体专利运用成效，应该更多在微生物、种植、农产品、畜牧业、化学、医学等领域寻找更好的促进方式。

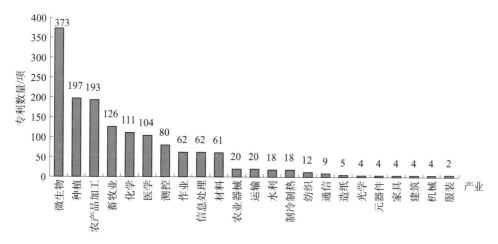

图 3 – 5 – 5　KIPO 项目开源专利在各产业中的分布

（1）重要主体分布情况

如图 3 – 5 – 6 所示，其中农村发展管理局是韩国农业、食品和农村事务部下属的机构，负责有关土地改良的实验研究、启蒙和技术推广，属于国家机构，其所涉及的数量最多。而农业和林业部国家兽医研究管理局涉及的技术同样是农业技术，这两个申请人贡献了主要的农业技术领域的专利，所以农业技术领域专利申请量最大。

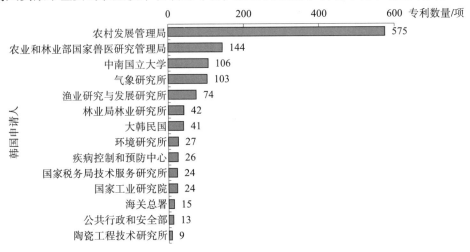

图 3 - 5 - 6   KIPO 项目开源专利重要主体分布

（2）重要主体开源专利占比

针对申请量排名前十的申请人，统计了其 1992~2008 年申请的专利总量，计算了其开源专利与申请专利总量的占比，如图 3 - 5 - 7 所示。可以看出，部分申请人如农业和林业部国家兽医研究管理局、气象研究所等开源专利在其申请专利中的占比较高，部分申请人如大韩民国、中南国立大学等开源专利在其申请专利中占比较低。其中，农业和林业部国家兽医研究管理局以及气象研究所开源专利分别占其专利申请量的77% 和 79%，需要更加重视专利转化，提高运用，减少闲置专利，从而更好地发挥专利促进技术的发展作用。

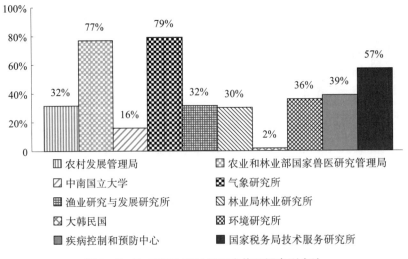

图 3 - 5 - 7   KIPO 项目重要主体开源专利占比

（3）重要主体专利申请趋势

图 3-5-8 反映了前五个专利申请主体在近 20 年申请量的变化趋势。可见在 2009 年之后，专利申请的数量呈现较大的提升，积累的技术越来越丰厚。

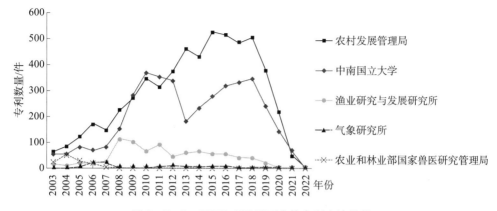

图 3-5-8 KIPO 项目重要主体专利申请趋势

（4）重要主体开源前后转让情况

选取专利数量最多的农村发展管理局作为对象，分析开源前后申请人的转让情况，如图 3-5-9 所示。

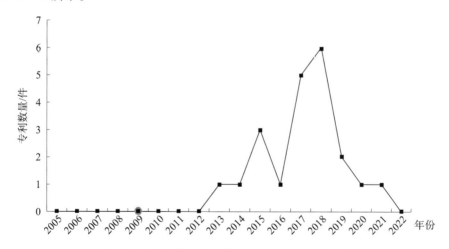

图 3-5-9 农村发展管理局开源前后转让情况

注：圆点表示 KIPO 项目升始的时间。

开源后申请人的转让趋势有所提升，但不是直接发生在 2009 年，不能直观地得出转让趋势的变化与专利开源之间的必然关系。但该图在一定程度上可以反映出，开源对于提高专利运用转化起到了一定的促进作用。

（5）农村发展管理局与我国农业部对比分析

KIPO 开源专利最主要的申请人为农村发展管理局，其开源前后的专利申请趋势如图 3-5-10 所示。可见，开源前农村发展管理局已有一定数量的专利申请积累。

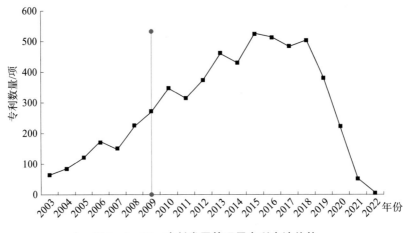

图 3 - 5 - 10　农村发展管理局专利申请趋势

注：竖虚线表示 KIPO 项目开始时间。

中国对应的相关部门为农业农村相关部门，其专利申请和转让趋势如图 3 - 5 - 11 所示。

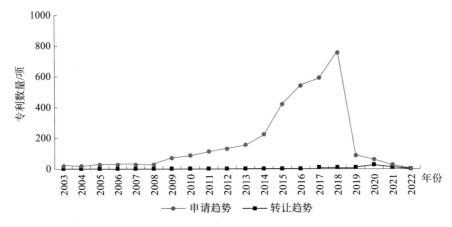

图 3 - 5 - 11　中国农村农业相关部门专利申请和转让趋势

可以看出，中国农村农业相关部门也已有一定数量的专利申请积累，但专利转让成效并不好。在专利转化运用上任重而道远，可以参考 KIPO 项目的开源模式以促进农业部专利的转化和运用。

3.6　本章小结

专利开源项目以专利为基础。本章通过专利分析，从持续性、专利地域分布、技术领域分布、价值度等方面，对 OIN、特斯拉、KIPO 项目、大金公司和 Low - Carbon 五个开源项目进行研究。从项目持续性来看，除 KIPO 项目外，其他专利开源项目的持续性较好；OIN、特斯拉和 Low - Carbon 的专利公开国主要在美国，KIPO 项目的专利公开国全部在韩国，大金公司的专利公开国主要集中在日本；OIN 和特斯拉的开源专利涵盖了其本行业的各核心技术领域，KIPO 项目的开源专利主要分布在韩国的非优势产业领域，大金公司的开源专利集中在单组分 HFC – 32 设备领域，Low – Carbon 的开源专利则主要涉及电子设备、设备的能源管理和热管理；在价值度方面，KIPO 项目的专利价值度略低，其他专利开源项目的专利价值度差异不大。上述分析结果为专利开源的加入方是否加入某一开源项目，或者专利开源的构建方如何推动技术发展、提高开源项目影响力等提供决策依据。

第4章 专利运用及开源战略

常见的专利运用方式包括普通专利许可、专利开放许可、专利交叉许可和专利池。❶ 将专利开源与不同专利运用方式进行分析对比，可以为企业及其相关行业选择合适的专利运用方式提供理论依据；对于适合开源的专利技术，企业、行业和国家需要分别制定合理的专利开源战略，以使专利开源助力我国的技术创新和行业发展。

4.1 专利开源与不同专利运用方式分析对比

不同专利运用方式在内涵、组织形式、目的作用、法律效力、政府参与、诉求、风险和比较优势等方面均有所不同，课题组通过专利开源与专利开放许可、专利交叉许可、专利池之间的对比分析，为企业、行业和国家层面的专利运用战略提供基础。

4.1.1 专利运用现状和相关政策

专利技术的有效运用是创新发展的基本目标。近几年，我国陆续出台政策促进专利运用和成果转化：2015 年 3 月发布的《中共中央　国务院关于深化体制机制改革加快实施创新驱动发展战略的若干意见》提出了完善成果转化激励政策等措施。2016 年 2 月 17 日，国务院常务会议确定支持科技成果转移转化的五项政策措施，明确科技成果转化的知识产权归属，以收入分配归属来调整各方利益关系。2021 年 10 月 28 日，国务院发布的《"十四五"国家知识产权保护和运用规划》中指出，未来五年要加强知识产权保护，促进知识产权运用，激发创新活力。如何促进专利的运用和转化，促进"知产"变"资产"，是我国目前急需解决的问题。

专利许可是促进专利运用转化的有效途径。截至 2023 年，我国法律中规定的专利许可方式主要有独占许可、排他许可、普通许可、交叉许可和分许可，以及 2021 年 6 月 1 日施行的《专利法》第四次修正案中创设的专利开放许可制度。为贯彻落实《"十四五"国家知识产权保护和运用规划》，加快推进知识产权转化运用，我国还在北京、上海、山东、江苏、浙江、广东、湖北、陕西等 8 省市组织开展了专利开放许可试点工作。此外，KIPO 开源项目表明专利开源同样可以提高专利成果转化效果。

---

❶ 陈琼娣，黄志勇．共享经济视角下专利技术共享综述：主要模式及发展方向［J］．中国发明与专利，2022 (2)：53－59.

4.1.2　专利运用方式分析及对比

（1）专利开放许可

为促进专利转化和推广应用，我国第四次修改的《专利法》正式引入了专利开放许可制度。具体为以下法条。第 50 条规定："专利权人自愿以书面方式向国务院专利行政部门声明愿意许可任何单位或者个人实施其专利，并明确许可使用费支付方式、标准的，由国务院专利行政部门予以公告，实行开放许可。就实用新型、外观设计专利提出开放许可声明的，应当提供专利权评价报告。专利权人撤回开放许可声明的，应当以书面方式提出，并由国务院专利行政部门予以公告。开放许可声明被公告撤回的，不影响在先给予的开放许可的效力。"第 51 条规定："任何单位或者个人有意愿实施开放许可的专利的，以书面方式通知专利权人，并依照公告的许可使用费支付方式、标准支付许可使用费后，即获得专利实施许可。开放许可实施期间，对专利权人缴纳专利年费相应给予减免。实行开放许可的专利权人可以与被许可人就许可使用费进行协商后给予普通许可，但不得就该专利给予独占或者排他许可。"第 52 条规定："当事人就实施开放许可发生纠纷的，由当事人协商解决；不愿协商或者协商不成的，可以请求国务院专利行政部门进行调解，也可以向人民法院起诉。"

2022 年 5 月 11 日，国家知识产权局印发《专利开放许可试点工作方案》，为专利权人和公众搭建专利转化和推广应用平台，促进专利技术供需双方对接。同时，需求方能以公开、合理、无歧视的许可使用费和便捷的方式获得专利许可。这样有效降低许可谈判成本，有利于企业进行更多专利许可交易。

由此可见，专利开放许可是指专利权人按照其意愿，通过国务院专利行政部门提出开放许可的声明，表明许可意向并作出对任何人给予公平许可的承诺；明确许可使用费支付方式、标准，由国务院专利行政部门予以公告，实行开放许可。开放许可制度涉及专利权人、被许可人以及行政主管机关三方主体。三者根据不同定位行使权利（力）、履行义务和承担责任。❶ 行政主管机关维护开放许可交易的公开和公平。专利开放许可是促进专利转化实施的一项重要途径，受到法律保护，其方式、程序、期限、撤回、纠纷等都有相应的法律规定。

（2）专利交叉许可

专利交叉许可一般指的是双向交叉许可，是一种基于谈判的、在产品或产品生产过程中，需要对方拥有的专利技术的时候，而相互有条件或无条件容许对方使用本企业的专利技术的协定。❷ 其组织形式为专利权人双方的互相许可。企业所拥有的专利是各自的筹码，双方开展专利交叉许可的主要诉求包括：实现新市场共同开拓、避免专利侵权风险、提升研发实力、增强行业内影响力等。

实现新市场共同开拓。当两家企业的专利技术形成互补时，通过专利交叉许可双

❶ 刘强. 我国专利开放许可声明问题研究 ［J］. 法治社会，2021（6）：34.
❷ 岳贤平，李廉水，顾海英. 专利交叉许可的微观机理研究 ［J］. 情报理论与实践，2007（3）：306 – 310.

方共同开拓新市场。在技术密集型行业，一项新产品经常需要多项技术来实现，企业之间可以通过专利交叉许可来实现"技术互补"，使得双方均可以生产新产品。此外，核心专利与外围专利之间、产品专利与用途专利之间均可能促成专利交叉许可，以使得不同专利权人携手共同开发新市场，例如中国的激光雷达初创公司上海禾赛科技有限公司通过各种外围专利申请包围美国的激光雷达龙头公司威力登在自动驾驶领域的激光雷达设备核心专利组合，最终两家企业在 2019 年的专利侵权诉讼过程中达成专利交叉许可协议。

避免专利侵权风险。同类企业在同一领域均申请有大量专利，因相关产品侵权而引发专利纠纷情况频繁。面对此种环境，两家企业实力相当，或者其中一方主动提起专利交叉许可以期和解，谈判成功，则可有效避免双方的专利侵权风险。柯达与索尼自 1987 年起发生多次专利侵权纠纷，2007 年初，柯达与索尼就多年来的专利纠纷达成和解，双方达成交叉许可协议，两家公司将允许对方使用自己的专利，同时索尼支付柯达一定的专利许可使用费。在专利积累继承性强的行业（如电子和半导体行业）中，这种情况尤为突出。

提升研发实力。专利交叉许可既降低了专利的使用成本，推动了技术交流和应用，也有助于企业向市场提供更加优质的产品。例如，一部智能手机就囊括了数以万计的技术和专利，一家企业很难完全绕开其他企业的专利技术。2022 年 12 月，华为与 OPPO 签订全球专利交叉许可协议，OPPO 付费获得了华为先进的 5G 技术等专利许可，华为也获得了 OPPO 在无线标准技术等方面的专利许可；同时，华为和三星集团已就各自的标准必要专利包达成交叉许可协议。可见，专利交叉许可是实现双赢乃至多赢的有效途径。

增强行业内影响力。专利交叉许可可以将不同的企业联合起来，更为高效地研发、生产，从而真正靠产品提升行业内影响力。同时，通过技术交叉许可带来的低成本或高效率优势，可以将产品及时、低价格地回馈社会，或通过较低专利实施许可费用等方式，真正促进行业发展。

（3）专利池

专利池是一种专利的集合，最初是两个或两个以上的专利持有人达成协议，通过该协议将一个或多个专利交叉许可或许可给第三方，并获取许可费。❶ 随着科技产品技术集成度的提高，与一类产品相关的专利技术往往分散在多家不同的企业，某一企业为完成一项产品可能需要分别与其他多家公司进行双向专利交叉许可，效率很低。后来，逐渐形成将两个以上专利权人各自的若干专利合在一起的专利集合体，也就是专利池，初衷是消除专利障碍、加强技术互补、降低交易成本、加快专利许可。

专利池与专利交叉许可存在紧密的联系，专利池内部包含各方专利权人之间的专利交叉许可；同时，随着专利权人的增加，专利交叉许可也可以发展成为专利池。特

---

❶ 丁绍培. 知识产权法视阈中的合成生物开源模式［DB］. 中国优秀硕士学位论文全文数据库（社会科学 I 辑），2022（10）：G117－256.

别是在对基础专利依赖性强、技术发展迅速的医药、电子产品、软件等技术领域，企业密集度高，专利数量大，专利池可以有效集合技术资源，有序管理。

标准专利池是专利池的一种，是指专利池中的专利为标准必要专利。标准必要专利是指从技术方面来说对于实施标准必不可少的专利，或指为实施某一技术标准而必须使用的专利，标准必要专利与普通专利相比，其特征是权利要求和标准对应。现代专利池更多地都出自电子、通信等技术标准化趋势愈演愈烈的产业，而在专利堆叠情况突出的生物技术领域却没有出现大量的专利池。有研究认为，这一结果可能与技术标准化的影响有关。各厂商为了使其参与的技术标准迅速赢得市场，以便在标准竞争中胜出或者在新一代标准出现之前争取更多的获利期间，结成专利池的愿望就变得更为强烈。同时，技术标准的推广必将面临大规模的对外专利许可问题，而这需要借助专利池来完成。❶

（4）专利运用方式对比

下面从内涵、组织形式、目的作用、法律效力、政府参与、诉求、风险和比较优势等角度对专利开源、专利开放许可、专利交叉许可和专利池进行分析对比，如表4－1－1所示。

表4－1－1 不同专利运用方式分析对比

	专利开源	专利开放许可	专利交叉许可	专利池
内涵	专利持有者在特定条件下，以零使用费的方式将所持有专利的部分或者全部权利交于不特定人使用，以构建目标专利生态	专利权人按照其意愿，通过国务院专利行政部门提出开放许可的声明，表明许可意向并作出对任何人给予公平许可的承诺，明确许可使用费支付方式、标准，由国务院专利行政部门予以公告，实行开放许可	一般指的是双向交叉许可，即在一定期限内，两个专利权人有条件或者无条件地互相许可对方实施自己的若干项专利，所述专利可以是已有的，也可以包括约定期限内授权的专利，甚至是正在申请中的新技术	将两个以上专利权人各自的若干专利合在一起形成的专利集合体，美国专利商标局将专利池定义为"两个或两个以上的专利所有人之间将其一件或多件专利许可给一方或第三方的协议"（两个或两个以上的专利权人相互间交叉许可或共同向第三方许可其专利的联营性协议安排）

❶ 詹映. 专利池的形成：理论与实证研究［DB］. 中国博士学位论文全文数据库（经济与管理科学），2009（5）：J145－5.

	专利开源	专利开放许可	专利交叉许可	专利池
组织形式	任何单位或组织，更多涉及专利权人和不特定被许可人，在协议框架内运行，组织的作用更多的是规定组织形式和提供平台。组织形式更简单、更灵活	涉及专利权人、被许可人以及行政主管机关三方主体。三者根据不同定位行使权利，履行义务和承担责任。行政主管机关维护开放许可交易的公开和公平（《专利法》第50～52条规定了具体的组织形式）	企业双方互相许可（所拥有的专利是各自的筹码）	有专门的机构统一管理池中专利，进入专利池的企业两两之间已经完成了专利交叉许可，专利池中专利也会打包许可给池外企业，按照一定标准收取许可费并分配给池中权利人。各成员拥有的核心专利是其进入专利池的入场券
目的作用	构建有利于自身的专利生态	为专利权人和公众搭建专利转化和推广应用平台，促进专利技术供需双方对接。同时，需求方能以公开、合理、无歧视的许可使用费和便捷的方式获得专利许可，有效降低许可谈判成本，有利于企业进行更多专利许可交易	避免专利侵权、节约许可费用、加快技术应用推广	①专利池可以有效集合技术资源，实现有序管理。②专利池将离散的专利资源合为一体，进行一站式许可，促进专利资源的流动、转化和应用，从而促进技术的发展
法律效力	依靠签订的开源协议进行行为约束，例如规定"不主张""反向许可"条款等，但对许可人和被许可人的权利与义务的约束不够完善，有一定的法律风险	一项促进专利转化实施的重要法律制度，受到法律保护，方式、程序、期限、撤回、纠纷等都有规定（《专利法》第50～52条）	依据许可协议条款	通常由某一产业领域里多家共同掌握核心专利技术的厂商，通过协议结成
政府参与	一般不直接参与	直接参与	一般不直接参与	一般不直接参与

	专利开源	专利开放许可	专利交叉许可	专利池
诉求	市场开拓、技术聚集、产品防御、社会公益、专利转化	促进专利运用实施、促进专利交易	实现新市场共同开拓、避免专利侵权风险、提升研发实力、增强行业内影响力	加强技术互补、降低交易成本、减少专利纠纷、加速技术转化
风险	法律风险、技术风险、市场风险	技术风险、市场风险	易形成横向垄断，对市场竞争产生限制作用	可能会形成对某一技术的垄断
比较优势	灵活性高，存在一定的风险	政府主导，风险范围小	目的性强，风险范围小	目的性强，风险范围小

专利开源在组织形式上较为灵活，既可以采用面向社区的开源形式，即"多对多"；也可以采用个体开源的形式，即"一对多"；专利交叉许可大多情况下属于"一对一"的许可形式；专利开放许可是个体许可的形式，即"一对多"，并且需要借助行政机关；专利池在组织形式上则与专利开源最为接近。专利开源不但放弃了专利的排他权，而且也放弃了从专利许可获取收益的机会，因而专利开源的诉求是在专利之外，即通过所建立的专利生态获得收益，用以实现市场开拓、技术聚集、产品防御等诉求，专利许可只是其实现上述诉求的手段。而其他专利运用方式的诉求往往直接体现在专利上，专利开放许可与专利池是以获得许可使用费为直接目的，专利交叉许可则是通过交换获得他人的专利许可。专利开源在法律效力上属于公开的要约邀请，开源一般遵从无歧视原则，不能拒绝他人的承诺；专利开放许可与标准专利池与之较为类似，同样需要遵从无歧视原则；而专利交叉许可则不属于公开的要约邀请，当事人双方有着最大的操作空间。专利开源由于是通过公开的要约邀请方式放弃了专利的排他权，并且受制于开源协议的条款，在未来可能存在一定的不确定性，因而对于参与者来说具有比较大的法律与技术风险，需要细致地进行风险评估；专利开放许可由于依托行政管理机关的平台，对被许可方来说法律风险较小，专利交叉许可与专利池由于有比较清楚的权利义务关系，对被许可方而言法律风险更为可控。

以上对比表明，专利开源作为一种新兴的专利运用方式，相较其他专利运用方式，优势主要在于能够通过免费许可的方式迅速建立起专利生态，帮助开源主体在产业链、技术标准、专利安全等方面达到其目的，劣势主要在于存在较高的风险，需要细致地进行风险评估。

4.2 企业层面专利开源战略

企业对于专利运用方式的选择必然要考虑到其技术的成熟度。本节在现有研究理论的基础上，结合课题组针对 16 个开源项目的深入分析，揭示出企业在不同技术阶段的专利运用战略，为企业构建和加入专利开源项目提出相应战略建议。

4.2.1 专利开源对企业的影响

4.2.1.1 企业专利运用逻辑和专利运用策略

企业研发创新的目的不是创造更多的知识产权，而是通过知识产权获取最大的利益和价值。创新的生产本质是一种集体活动，需要不同参与者之间协作和交互；专利作为知识产权的重要分支，其作用不仅仅是排除潜在侵权者，而是协调创新过程中不同利益相关者之间的创新活动。因此，企业专利运用产生了四种基本的逻辑：排他逻辑、防御逻辑、合作逻辑和开放逻辑。❶ 其中，开放逻辑是从合作逻辑中引申出来的一种新的专利运用思路，企业开放其专利技术不是为了排除模仿者，而是为了促进技术的大规模推广和使用，试图建立一种标准并确保与其他同行产品的兼容性，从而促进技术的广泛采用。

学者 Zuscovitch 认为，任何一项技术的进化都是一个累积且不可逆转的过程，对新技术的永久性学习、探索和创新可以确保新产品、新流程和新市场的逐渐出现，同时伴随着标准化过程和不断增加的利益回报；他将技术演进划分为三个阶段：前范式阶段、自组织阶段和范式阶段。❷ 将不同技术演进阶段的技术特点结合专利运用逻辑可以得出企业应采用的专利运用战略及对应的专利运用方式，见图 4-2-1。例如，当企业的相关技术处于前范式阶段时，针对技术新兴化、多样化的特点，为了促进技术的传播和流通，应采用专利开源战略，通过专利开源和免费的专利开放许可，实现企业技术创新和发展。

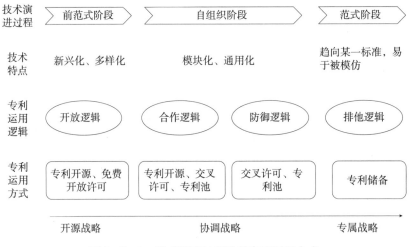

图 4-2-1 技术演进过程及其专利运用方式

❶❷ 蔡双立，冯强，武振楠. 技术体制动态演变与知识产权开发模式匹配：一个理论分析框架［J］. 现代财经（天津财经大学学报），2018（4）：75-85.

4.2.1.2　企业专利开源实例

2014 年，特斯拉宣布开放其所有的专利技术。这正是基于新能源汽车技术前范式阶段的背景和特斯拉本身开拓市场诉求的一次尝试。21 世纪初，为了解决制约新能源汽车行业发展的最大瓶颈——电池技术问题（包括续航、安全性和充电时长等），全球主要汽车及电池制造厂商进行了不同的尝试，包括：1996 年研发的通用 EV1 车型采用的铅酸电池、镍氢电池；2000 年在北美、欧洲公开发售的丰田普锐斯采用高功率镍氢电池；2005 年比亚迪着手研究磷酸铁锂，并于 2006 年成功研发出搭载磷酸铁锂电池的 F3e 电动车；2008 年服务于北京奥运公交专线的由中国南车集团制造的 BK6211EV 则采用锰酸锂电池；2009 年戴姆勒公司推出了 B 级燃料电池车 F－CELL；2010 年剥离 ATL 的宁德时代致力于聚合物锂电池的研究；2013 年 LG 化学开始专注于三元锂电池的研发……各种新技术不断被发现，呈现多样化的特点。

在这种背景下，特斯拉于 2014 年宣布开放其所有的专利技术，背后的真实诉求就是通过专利开源，改变新能源汽车行业的隐性技术属性，希望特斯拉的品牌以及产品被其他利益相关者所理解，以扩大市场和网络，激发创新动力。彼时，新能源汽车相关技术分散程度高，上中游企业潜在合作者数量多，范围大，但技术发展仍处于初期阶段，成熟度较低，因此对于一家致力于制造电动汽车的企业而言，选择向外部公开自己的专利技术，吸引潜在创新者进入自己构建的生态系统，无疑是有利的。而到了 2019 年，全球新能源汽车销量突破 220 万辆，较 2018 年增长 10%，相较而言，2014 年全球新能源汽车销量不足 50 万辆❶，新能源汽车行业规模进一步扩大，已经开始出技术研发和获取阶段向技术整合和再创阶段过渡，业内头部企业经过几年的研发和实践，已经形成了自身的优势技术和名牌产品，行业技术整合能力不断提高，而众所周知新能源汽车行业内相关技术包含的知识复杂程度高，产业网络涵盖面广、交叉程度高，企业难以单独完成整个产品的生产和商业化。此时特斯拉再次重申允许全球所有的企业"善意使用特斯拉电动汽车专利"，其真实目的是建立创新网络或者创新社群来实现技术的分布式共同创造，从而从创新主体的源头上进一步形成更大的聚集效应。通过合作和伙伴选择，开发或整合互补性技术资源，形成规模经济，实现成本和风险管理，从而使得特斯拉持续从创新成果中获利。

日本大金公司也利用专利开源的方式将全球的制冷剂技术聚焦在自身具备优势的 R32 制冷剂上。世界各国为了履行《蒙特利尔议定书》的规定而加速淘汰自 20 世纪 30 年代起空调中普遍使用的 HCFC，从而为推动 R32 制冷剂提供了良好的契机。而面对这样的时机，大金公司将其在 2011 年之后申请的与单组分 R32 制冷设备相关的 417 件专利进行免费开放，以在全球范围内推动 R32 制冷设备的技术普及。

2012 年 11 月，在国际新制冷剂和环境科技大会（神户专题会）上，公布了一些关于 R32 的报告和安全评价书，日本经济产业省（METI）与很多厂商合作，在很多国家推广使用 R32 制冷剂，日本经济产业省表示，将加快在印度和东南亚地区推广使用

---

❶　数据来源：EV Sales。

R32。因此，借助于环保趋势、技术优势和政府支持，大金公司的 R32 制冷设备在全球市场占据了先机，将 R22 制冷剂的替代者聚集到 R32。

2012 年，大金公司在日本推出了世界上第一台使用 R32 制冷剂的空调之后，分体式房间空调器开始完全转向 R32。出于环境要求，所有的日本、中国和韩国制造商都在本国或海外生产 R32 的房间空调器，R32 制冷设备在亚洲、欧洲和大洋洲多个国家的市场份额逐渐攀升，这也与大金公司开源专利的地域分布相一致。在欧盟，大金公司空调 R32 已成为行业标准，所有欧盟成员国在 2019 年必须强制执行。如果其他空调品牌未达到这一标准，则要进行气体切换，以此达到 R32 标准。专利开源成为 R32 标准全面推行的重要手段。

作为构建专利开源项目的一方，大金公司利用专利开源的方式将全球的制冷剂技术聚焦在 R32 制冷剂上的策略无疑是成功的，R32 已经成为技术发展最为成熟的制冷剂之一。然而，作为加入专利开源项目的一方，应当充分评估开源项目的价值和风险。随着全球对于环保的要求和对制冷剂的认识不断更新，新型的 R32 制冷剂有可能在未来一段时间之后成为落后产品而被其他制冷剂替代，那么企业在前期的技术和资金投入则失去意义。在这种情况下，企业应当重视自身技术储备，迅速调整思路，避免盲目跟随。

通过以上分析不难看出，专利开源在一定程度上助力特斯拉和大金公司实现市场的开拓和技术的迅速聚集。发起专利开源项目的企业需要具备一定的专利储备，并能够预估专利开源所带来的风险并承担相应的后果。当然，也可以选择加入现有的专利开源项目，选择合适的专利运用方式。因此，企业的专利开源战略主要包括两个方面：一是根据自身的需求参与构建专利开源项目，二是根据自身的需求加入一个已有的专利开源项目。如何构建一个专利开源项目，以及在选择加入已有的专利开源项目时主要考虑哪些因素，是接下来需要探讨的问题。

4.2.2 企业层面专利开源战略分析

4.2.2.1 构建专利开源项目战略

发起专利开源项目有一个先决条件，即企业本身需要具备一定的专利储备。如果具备上述条件，则可依据图 4-2-2 所示流程图进行专利开源项目的构建。首先，创新主体需要确定自己的需求，即想要达到的目的；其次，根据自身的条件选择符合需求的开源模式，再选择开源项目对应的基本要素。

根据第 2.3 节中表 2-3-1 和表 2-3-2 总结的专利开源模式形式要素和协议条款要素，可以确定企业在构建不同模式的专利开源项目时所要选择的基本要素内容，具体分析如下。

构建开拓模式的专利开源项目。当想要通过专利开源达到开拓市场的目的时，开源主体可以选择构建该模式的专利开源项目，开源主体可以是组织或个体，当开源主体是个体时，对该开源主体的技术储备要求应当更高，否则很难吸引他人加入该开源项目，以实现其开拓市场打通产业链的目的；开源范围优选开源全部专利，以更快地吸引他人的加入，也可以针对开源部分专利以构建专利池；对于专利获取方式，开源

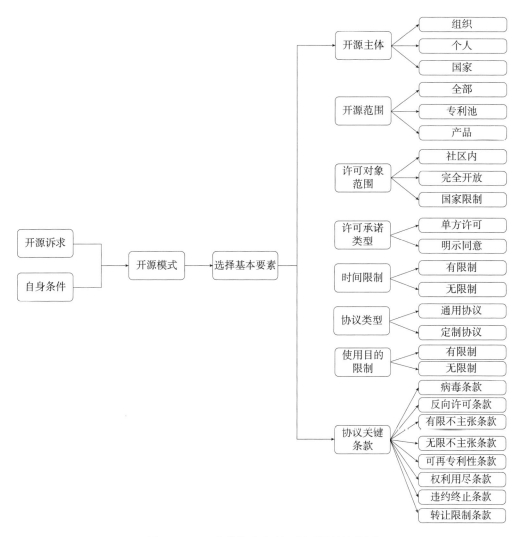

图 4-2-2　企业构建专利开源项目的流程图

主体如果是组织形式，自然优选会员方式，如果是个体形式，采用明示获取的方式有利于明晰双方的权利义务关系，当然非明示获取也是可以选择的选项；对于协议类型，通过对 16 个专利开源项目的分析发现，通用协议，即统一版本的开源协议都要优于定制协议，即许可双方商定的协议；于于市场开拓初期，应尽量避免施加不必要的专利使用限制，但是时间限制是可选的；协议关键条款主要是依据所限定的权利义务关系进行选择。另外，专利的质量很大程度上影响了专利开源的效果。当所开源专利的质量较高时，更能吸引他人的加入，通过专利开源实现开拓市场的效果更佳。

　　构建聚集模式的专利开源项目。当某个领域的相关技术存在多条技术路线时，开源主体可以通过构建聚集模式的专利开源项目将其他企业研发方向聚集到自己的技术路线上，形成竞争优势。其开源主体主要是组织，也可以是个体，组织更易将某项技术的主要创新主体进行聚集，个体则较难实现；对于开源范围优选开源部分专利，如构建专利池；对于许可对象范围和许可承诺类型，如果开源主体是组织，建议通过明示的方式进行社区内成员的开放，如果开源主体是个体，建议通过单方允诺的方式对所有对象进行开放，更易吸引他人加入；协议类型可以选择通用模式；许可期限有无限制均可；对于使用目的不用进行限制；协议关键条款可以根据项目自身需求对病毒条款、反向许可条款、有限不主张条款、无限不主张条款、可再专利性条款、权利用尽条款以及违约终止条款进行选择或限制。另外，保持专利开放的持续性是专利开源项目得以成功并可持续发展的重要因素。

构建防御模式的专利开源项目。一般以组织的形式进行构建，可以形成特定产品的专利保护生态，特别适用于平台类产品，例如 OIN 专利开源项目是一个共享的、防御性的专利池，是为了保护 Linux 系统免受专利侵权纠纷的侵扰，基于 Linux 系统专利的非侵略性交叉许可，为 OIN 社区成员和基于 Linux/OSS 的技术的用户提供自由。该模式的开源主体一般是组织，也可以是个体，专利开源范围既可以是全部专利，也可以是部分专利或专利产品；对于许可对象范围和许可承诺类型，如果开源主体是组织，建议通过明示的方式进行社区内成员的开放，如果开源主体是个体，建议通过单方允诺的方式对所有对象进行开放；协议类型可以选择通用模式；对于许可期限和使用目的不建议进行限制；协议关键条款可以根据项目自身需求对病毒条款、反向许可条款、有限不主张条款、无限不主张条款、可再专利性条款、权利用尽条款以及违约终止条款进行选择或限制。

构建公益模式的专利开源项目。其目的一般是推动某项公益项目的发展，例如已有的 WIPO Re：Search 项目是为了鼓励和支持被忽视的热带病的研究和产品开发，Low Carbon Patent 是为了减少碳排放解决气候危机。其开源主体一般是组织或国家，开源的专利一般是所支持的公益领域所对应的专利；许可对象范围可以是完全开放，也可以是部分开放或由国家进行一些限制；建议采用明示的方式进行许诺；协议类型选择通用模式；目的限制为公益目的；协议关键条款可以根据项目自身需求对病毒条款、反向许可条款、有限不主张条款、无限不主张条款、可再专利性条款、权利用尽条款以及违约终止条款进行选择或限制。

构建转化模式的专利开源项目。其目的是促进专利的转化和运用，例如已有的 KIPO 项目就是将一部分国有专利以附带期限限制的方式免费对韩国国内企业许可，以促进专利的转化和运用。该模式的开源主体主要是组织或国家，当然也可以是个人；专利开源的范围可以是专利池或全部专利，不建议是专利产品；对许可对象不建议进行限制，明示同意或单方许诺的许可承诺类型均可；一般都具有固定的许可期限，建议使用通用许可协议，减少许可和被许可双方沟通成本；使用目的限制有无均可；协议关键条款可以根据项目自身需求对病毒条款、反向许可条款、有限不主张条款、无限不主张条款、可再专利性条款、权利用尽条款以及违约终止条款进行选择或限制。

总体而言，在构建专利开源项目时，需要根据开源诉求和自身条件，选择符合自身特点的开源模式，然后根据专利开源模式表的建议对相关基本要素进行选择。另外，开源专利的质量和保持专利开源的持续性是影响专利开源的效果和保证专利开源项目得以成功并可持续发展的重要因素。

4.2.2.2　加入专利开源项目战略

创新主体对于专利开源运用的第二个方面是根据自身的需求考虑是否加入已有的专利开源项目。创新主体在作此类决策时可以从以下几个方面进行考虑：第一，分析这个开源项目的目的性是否满足需求；第二，分析这个开源项目所开源的专利是否满足需求；第三，充分分析许可证下的权利和义务，确定这个开源项目所带来的法律风险能否接受。创新主体可以根据图 4-2-3 所示的流程判断一个专利开源项目是否可以加入。

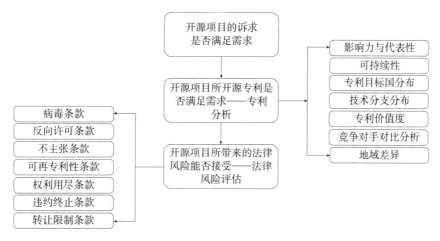

图 4-2-3　创新主体加入专利开源项目的流程图

课题组从 16 个开源项目中选择了 5 个在行业、规模、形式以及目的方面比较有代表性的项目，表 4-2-1 为 5 个专利开源项目的基本概况表。从专利和法律风险两方面对 5 个开源项目进行了分析，得到表 4-2-2 所示的专利开源项目专利分析结果汇总表和表 4-2-3 所示的专利开源风险评估结果汇总表，专利分析的角度主要包括专利开源项目本身的影响力与代表性、可持续性、专利目标地域分布、技术分支分布、专利价值度以及地域差异性等多个角度。最后根据诉求、开源专利和承担风险三方面的评估，得到最终的专利开源项目加入决策评估结果，见表 4-2-4。

表 4-2-1　专利开源项目基本概况表

项目名称	行业	开源专利数量/件	开源主体	开源模式
OIN	软件	266 + 280 万	组织	产品防御
KIPO 项目	国有专利	1493	国家	专利转化
特斯拉	新能源汽车	1279	个体	市场开拓、技术聚集
大金公司	家电	419	个体	技术聚集
Low Carbon	环保	535	组织	社会公益

注：包含 OIN 作为专利权人的开源专利 266 件和 OIN 会员所持有的开源专利 280 万件。

表 4-2-2　专利开源项目专利分析结果汇总表

项目名称	影响力与代表性	可持续性	主要目标地域分布	技术分支分布	专利价值度	地域差异性
OIN	高	较好	美国	内核、通信	中上	无
KIPO 项目	中	—	韩国	农业、生命健康	中	有
特斯拉	中	较好	美国、欧洲	光伏、电控	中上	无
大金公司	低	较好	日本	制冷剂泄漏保护	中上	无
Low Carbon	中	较好	美国、日本、中国	电子设备散热、能耗管理	中上	无

表 4-2-3　专利开源风险评估结果汇总表

项目	法律风险等级	技术风险等级
OIN	中等	主体涉及 Linux 系统层应用开发，风险等级为中，需要评估风险敞口
KIPO 项目	低	主体属于上层应用开发时，风险等级为低
特斯拉	较高	中等
大金公司	中等	较高
Low Carbon	低	中等

表 4-2-4　专利开源项目加入决策评估表

项目	创新主体特点	专利分析	风险程度	建议
OIN	Linux 系统层应用开发	具有较高的影响力代表性，持续性较好，专利目标国基本为美国，技术分支能覆盖 Linux 系统核心，专利价值中上，无地域差异	中，需要评估风险敞口	需要评估
	上层应用开发		低	可以加入
KIPO 项目	—	影响力代表性较低，专利目标国基本为韩国，技术分支主要包括农业、生命健康，专利价值中等，存在地域差异	低	—
特斯拉	目标市场为中国	影响力代表性中等，持续性较好，专利目标国基本为美国，技术分支覆盖电动汽车部分核心领域，专利价值中上，无地域差异	较高	不建议加入
	目标市场为美国			需要评估

项目	创新主体特点	专利分析	风险程度	建议
大金公司	制冷剂为 R32	影响力代表性较低，持续性较好，专利目标国基本为日本，技术分支覆盖部分核心领域，专利价值中上，无地域差异	中等	需要评估
	制冷剂为其他			不建议加入
Low Carbon	生产节能减排产品	影响力代表性较低，持续性较好，专利目标国基本为美国、日本、中国，技术分支主要涉及电子设备的低碳节能，专利价值中上，无地域差异	低	可以加入
	其他			不建议加入

4.3 行业层面专利开源战略

相对于企业而言，行业的专利运用策略更加复杂，不仅要考虑到技术的发展阶段，还要考虑到产业链上下游之间技术的衔接。本小节先提出行业专利开源适用的理论基础，再分析国内重要行业的发展特点，为不同行业提供针对性的开源战略建议。

4.3.1 专利开源对行业的影响

专利开源可以加快专利技术的扩散，能够让行业中的其他企业也掌握相关的专利技术，提升行业整体的技术水平，激发行业的创新活力，加快实现行业的产业化发展。

专利开源是一种发明之上的捐献模式，使用者无须支付专利许可使用费，也不用担心侵权风险。该行为会产生示范作用，从而吸引更多的企业进入该领域，共同推动行业的发展，做大行业蛋糕，形成良好技术生态。

专利开源还可以缓解专利权私有化带来的"专利丛林"问题。例如，在生物技术和电子技术领域，数量众多的专利构成"专利丛林"，后续研究开发面临专利许可授权的困难，反而在一定程度上阻碍上述行业的技术发展。BIOS 项目和 OIN 项目就分别是为了解决生物技术领域和电子技术领域的此类问题而产生的。BIOS 项目将基因探针和基因序列的一些专利，提供给研究者和生物技术公司免费自由使用，可以减少研究工具被授予专利后给生物技术领域技术发展造成的"专利丛林"问题。OIN 专利开源项目是为了保护 Linux 系统免受专利侵权纠纷的侵扰，基于 Linux 系统专利非侵略性交叉许可，为 OIN 社区成员和基于 Linux/OSS 的技术的用户提供自由。

专利开源简化了专利许可的交易过程，节约了技术供需方的交易成本，能提升专利许可的数量和专利的实施率。对于专利运用转化率低的产业，可以通过专利开源的方式促进其专利转化。例如，KIPO 项目中开源的专利主要分布在微生物、种植、农产品、畜牧业、化学、医学等领域，其目的是促进这些行业的专利转化。

专利开源现在还只处于个别、零星、偶发的状态，数量不大，涉及的专利也不多，影响也局限于环保、生物、电子技术、电动汽车等领域。且在这几个技术领域中，参与者也有限，主要依赖于几家大公司的主动行为，进入开源状态的专利在整个技术领域专利数量中占比很低，专利开源项目在大部分行业中还不是很普遍。如果在其他行业中兴起更多的专利开源项目，也可以从一定程度上促进这些行业的发展。

4.3.2　行业层面专利开源战略分析

技术创新是任何一个行业发展和企业进步所需的基本内驱力，依靠非技术性创新（例如商业模式创新）所能取得的行业红利必然需要技术性创新的支持，否则难以维持；而行业的发展需要行业链条上各个环节的协调发展、企业间横向和纵向整合，以达到提高整个产业链竞争力和影响力的目的。依托于现有的开放式创新与知识产权战略匹配研究成果，❶ 课题组利用行业内技术复杂程度和行业技术整合能力两个行业技术维度构建出行业特点与专利运用战略的四象限决策框架（图4－3－1）。

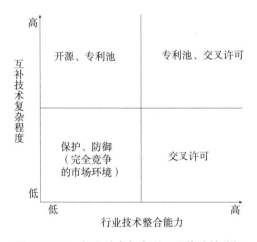

图4－3－1　行业特点与专利运用战略的选择

当行业内的互补技术复杂程度低并且技术整合能力低时，意味着技术容易被复制或模仿，同时行业网络资源配置分散。此时业内的企业应侧重专利保护与防御，保护自己的优势互补资产和基础技术；而对于行业而言，专利开源并非最佳选择，而是应该以自由、不干预的方式，由市场进行技术研发方向的调节。

当行业内的互补技术复杂程度高但行业技术整合能力低时，技术不容易被模仿和复制，且业内企业很难单独完成整个产品的生产与商业化，也无法通过简单的企业合作实现整个产品网络的整合。此时，建议行业组建专利池或者建立专利开源项目，通过这种形式实现技术互补，吸引行业内企业积极参与，有效地将同行业内的互补技术

---

❶ 蔡双立，徐珊珊，许思宁. 开放式创新与知识产权保护：悖论情景下的战略决策逻辑与模式匹配 [J]. 现代财经（天津财经大学学报），2020，40（3）：3－18.

聚集起来，取长补短，推动行业内企业合作，加快行业发展。

无论行业内的互补技术复杂程度高低，当行业技术整合能力高时，意味着互补技术集中在少数甚至某个业内的龙头企业手中。此时行业专利策略应避免开源，而是建议行业建立专利联盟或者专利池，通过专利池整合专利技术，保证行业全链条的高质量发展，促进专利资源转化和市场化，进而实现高新技术产业化，形成行业发展的先发优势。同时，可以在技术标准大量引用技术专利的背景下，尝试建立技术标准，凝智聚力，获得技术发展方向的控制和垄断优势，形成高效协调创新生态系统。

通过上述分析可知，并非所有行业都适合进行专利开源，对于行业技术整合能力较低、行业互补技术的复杂程度较高的行业适合采用专利开源策略实现市场开拓、技术聚集等诉求。半导体行业技术复杂、产业链长，明显具有这样的特点，可以通过专利开源实现技术共享，以促进技术突破，推动国内半导体行业的发展。基于相同的分析，新能源汽车产业链整合能力相对较低，软件行业具有平台属性，两者行业互补技术复杂程度高，适合专利开源。

4.3.2.1 行业层面专利开源适用分析

（1）适合专利开源的行业

① 半导体行业。半导体行业是现代各行业的支柱，支撑着新兴产业的发展和传统行业的升级。在"中国制造"向"中国智造"转型的过程中，市场对于芯片半导体的需求量不断攀升。不过国内相关企业大多只涉及中低端设计和制造，在很多关键技术、设备［例如芯片设计的上游依赖 ARM 的 IP 授权，过程依赖电子设计自动化（EDA）等工具，中游依赖台积电的生产代工，自主生产依赖 ASML 的光刻机等］等环节仍面临着"卡脖子"的境地。而 2022 年的美国芯片法案的落地，又给我国的半导体产业带来了严峻挑战。早期半导体行业以集成器件制造（Integrated Device Manufacturing，IDM）模式为主，由半导体企业自行进行芯片设计、自行生产、加工、封装、测试并将成品进行销售，也就是全产业链一体化模式，全产业链上的各个环节均由一家公司的职能部门或者其子公司、孙公司完成。然而，IDM 模式带来的公司规模庞大、管理成本较高、运营费用较高、资本回报率偏低等问题不可避免，并且越来越严重；自 20 世纪 70 ~ 80 年代开始，半导体产业链开始出现专业化分工方向，进而衍生出了独立的芯片设计企业（Fabless）、晶圆代工厂与封测代工厂等，并形成了新的产业模式，即垂直分工模式或轻晶圆厂模式，要求产业链上下游开展长期稳定合作或者上下游环节及其延伸环节的外包。在这样一种行业整合能力较低、产业链上下游互补技术复杂程度较高的背景下，就可以采用专利开源的方式，以合作共赢的思想，打造行业生态，有序布局，提升行业创新能力。

② 新能源汽车行业。汽车是高度集成的产品，复杂度高、供应链长、新技术应用广、生产难度大，目前国内几家新能源汽车企业（包括比亚迪、蔚来、小鹏、理想、零跑等）均是在 2000 年之后才涉足汽车制造领域，而像蔚来、小鹏、理想、零跑等更是属于"后生晚辈"。新能源汽车制造行业本身属于长产业链行业，从上游的金属资源到中游的零部件制造，再到下游的整车生产，很难有一家企业可以单独完成整个新能

源汽车产品的生产与商业化，也难以控制行业中互补技术的分布状态。新能源汽车产业面临的专利许可问题随着专利技术的不断成熟而逐渐显现，因此，在高研发投入的新能源汽车领域，需要汽车企业之间相互配合。

③ 软件开发行业。开源形态最早主要出现在计算机软件领域，通过开源的方式，可以大大减少软件的开发时间，有力促进了软件行业的快速发展。OIN 是软件行业最大的专利保护社区，支持开源软件关键元素 Linux 的自由开发环境，以免费的形式进行 Linux 系统专利交叉许可授权，从而对核心 Linux 技术和相关的开源技术实施专利保护。OIN 目前拥有 3800 多个会员和 1300 多项全球专利与应用，阿里巴巴、腾讯、华为、中国银联、蚂蚁金服、京东、海尔、美团点评等中国企业都已经加入 OIN 社区。我国企业在加入国外的专利开源项目后，可能存在不想开源的专利被被动贡献，在开源项目中拿不到话语权，以及易受到出口管制和司法管辖权的影响，因此，我国有必要成立本土的专利开源项目。

（2）不适合专利开源的行业

① 化工行业。化工行业是典型的周期性行业，随着经济周期性需求波动和固定资产投资带来的周期性供给波动而强周期运动，需要投资大量的固定资产，技术专业性强，壁垒高，子行业众多并且产业链复杂，运输成本高、销售半径有限。化工行业产业链长，上中下游不同企业之间的关联度高，生产装置可以衔接对应。这些特点决定了化工行业的产业链一体化具有更多的优势，产业链一体化目前已经成为行业发展的趋势。从国际化工巨头巴斯夫到国内领先化工企业万华化学，都积极致力于化工上下游产业链一体化。产业链一体化发展有利于产业之间的共生和耦合，沿着产业链的扩张实现一体化，可以提高整个产业链的运行效率和下游产品的竞争能力，同时丰富业内企业的产品线，进入其他领域；一体化能够抵御产品链上中下游价格波动带来的亏损风险，调节产品生产，获得持续稳定的收益；缩减中间环节成本，减少行业周期带来的亏损影响。在这种情况下，化工行业必然将呈现出高整合度、平台化、聚集化的特点，行业整合能力高。那么行业专利策略方面应避免开源，而是应当采用专利联盟等方式，保证行业的深度整合和规模效应，淘汰落后产能，推动行业升级，改善中国化工行业面临的"大市场小企业"的尴尬，紧跟全球化工行业高端化、集中化的趋势。

② 电力传输行业。在我国，电力传输行业属于自然垄断行业，一个生产者的生产效率大于多个生产者，并且垄断可以减少资源浪费，降低用电成本。目前我国电力传输行业的集中度高，行业中仅有一到两家下游企业，下游企业处于绝对强势地位，技术易于掌握或聚集在下游企业手中，行业整合能力强。而专利开源的意义在于针对市场上存在的技术壁垒高、市场拓展难等问题，打破某些企业对产业、行业的资源垄断局面，或者促进新兴市场的拓展和扩张，促进某一行业、企业进一步挖掘专利价值，让创新技术实现快速发展。由此可见，国内电力传输行业的特点决定了专利开源对于电力传输行业没有办法起到拓展市场、提高技术创新能力的作用，反而会在一定程度上泄露专利技术，干扰电力传输行业的技术发展方向，影响行业发展。

4.3.2.2　行业层面专利开源战略建议

对于行业技术整合能力较低、行业互补技术的复杂程度较高的行业在成立专利开源项目时，有以下几点建议：

① 成立专利开源项目的管理机构。行业专利开源项目的管理机构主要由行业组织代表、主要专利权人代表构成，该管理机构可以对开源项目进行日常的维护和管理，评估主要专利，构建开源项目的运行框架和规则。

② 选择合适的专利开源模式。行业在构建开源项目时，可以根据行业当时的发展阶段和诉求选择开拓模式、聚集模式、防御模式、公益模式之一。其中，开拓模式，适用于开源主体在相关产业形成的初期，使用相关产业专利构建开源专利池，并以不附带期限与目的限制的方式对产业链完全开放；聚集模式，适用于产业存在多条技术路线时，使用相关技术路线上的专利来构建开源专利池，并以不附带期限与目的限制的方式对所有业内企业开放；防御模式，适用于构建特定产品的专利保护生态，特别适用于平台类产品，可针对特定产品构建开源专利池，可不附带期限限制，但建议附带目的限制，并以社区的形式对相关产品的制造与使用方进行开放；公益模式，适用于开源主体推动社会公益事业，使用可产生公益效益的专利构建开源专利池，可不附带期限限制，但建议附带目的限制，并对社会公众开放。

③ 制订并完善专利许可协议。专利开源项目要建立完善的专利许可协议，包括加入形式、许可形式、许可对象、许可范围、被许可人的权利和义务等。开源的专利是免费的，不存在许可费用多少的问题，但是并不是完全无条件的，开源项目的许可协议中都包含"不主张条款"，但还应该包含"终止条款"，专利权人在特殊情况下，可以解除特定被许可人的权利。

④ 扩充开源专利的数量。管理机构的首要任务就是吸引社会上拥有专利技术的专利权人和企业贡献其专利技术，在提交专利的同时，也要求将该项专利所必需的材料和技术说明一并提交。并且专利权人应该本着诚实信用的原则向管理机构提交其拥有的专利，履行相关的信息披露义务。

⑤ 对专利进行评估，保证开源专利质量。管理机构通过第三方或通过内部制定的专利价值度评估规则对专利权人贡献的专利进行价值度评估，以确定其是否是主要专利以及专利权人贡献度的大小。

⑥ 建立有效的成员协商机制。建立基于项目管理机构的重要问题协商机制和成员合作交流机制，使项目成员之间可以形成网络交互式协商结构，通过信息化平台、讨论会等方式实现成员之间的知识交流与信息共享，以促进行业的快速发展。

具体到半导体行业，上中游所需的 EDA 工具、IP 授权、半导体材料以及设备是整个半导体产业的核心要素，技术壁垒高、工艺复杂且需要长期技术积累。虽然半导体产业链已经实现全球化分工布局，但是核心要素与关键技术大部分掌握在欧美企业手中，国内企业难以实现"弯道超车"，上游产业链国内替代需求迫切；而下游的 IC 封测环节由于门槛较低，因此国内企业切入较早并且目前已步入成熟期。2021 年以江苏长电科技股份有限公司、天水华天科技股份有限公司、通富微电子股份有限公司等为代表的封测龙头企业在国内市场的占有率已超过 20%，但国内企业的封装技术仍然采用传统封装技术（SOT、QFN、BGA 等）。建议通过组建开源社区等方式进行相关封装技术的专利开源，汇聚国内现有的相关企业或者研究机构的封装技术研发能力，提升封装技术创新，专注产业链垂直细分领域，不断深耕，形成更大的聚集效应，促进国内行业技术发展方向从传统封装技术到先进封装技术（FC、SIP、TVS、WLP、FOWLP等）的过渡，以在具有资本和劳动密集型特点的封测行业中获得长足的发展，提升盈利能力。另外，对于上游的 IC 设计领域，国内的 IC 设计厂商数量较多（上海韦尔半导体股份有限公司、紫光国芯微电子股份有限公司、兆易创新科技集团股份有限公司等），布局也主要集中在长三角和珠三角地区。这一细分行业可以依托现有的 OpenEDA 开源平台❶（OpenEDA 开源平台由 EDA 创新中心发起并成立，而 EDA 创新中心由北京华大九天软件有限公司、江北新区产业投资集团、南京集成电路产业服务中心、东南大学、华大半导体有限公司于 2019 年 6 月共同发起成立），创立专利开源相关模块或单元，面向国内 IC 行业实现 IC 设计软件及相关专利技术的共享，进一步提高 IC 设计效率，缩短研发周期。

对于新能源汽车行业，建议我国新能源汽车行业协会联手行业内重要企业一起构建以技术聚集和产品防御为目的的新能源汽车专利开源项目，实现国内新能源汽车专利技术的聚集，且共同防御国外新能源汽车企业对我国新能源汽车企业造成专利侵权纠纷的侵扰。在新能源汽车专利开源项目中，各大车企可以通过技术聚集的方式共同形成一些电动汽车方面的技术标准，还可以共同形成一个全系列通用的纯电动汽车框架平台，在电池技术方面通过技术的互补开发出类似特斯拉 468 电池、LG 的 NCMA 电池等新的电池技术，在自动驾驶技术方面也能形成新的突破，通过专利开源的方式实现新能源汽车技术的分布式共同创造和互补性技术资源的整合，共同来推动新能源汽车行业快速发展。另外，我国新能源汽车企业间也缺乏技术信息的交流，因此，在新能源汽车的专利开源项目中，除了提供新能源汽车技术的专利开源以外，还建议提供全球新能源汽车专利信息资源、国内新能源汽车专利技术信息与评级、新能源汽车专利技术公示等功能，进一步为国内新能源汽车企业提供行业专利技术的信息参考，达到专利预警的目的，避免企业在技术研发中误入国外企业的专利陷阱，同时为同一技术路线的企业能够实现合作提供帮助。

对于软件行业，开放原子开源基金会是我国在软件开源领域的首个基金会，成立于 2020 年 6 月，致力于推动全球软件开源产业的发展，由阿里巴巴、百度、华为、浪潮、360、腾讯、招商银行等多家龙头科技企业联合发起。开放原子开源基金会的定位是以开发者为本的开源项目孵化平台，服务范围包括开源软件、开源硬件、开源芯片及开源内容等，为各类开源项目提供中立的知识产权托管，保证项目的持续发展不受第三方影响。建议我国软件行业依托于开放原子开源基金会对软件的相关技术进行开源产业的趋势分析，确定通过开源可以实现技术创新和产业标准化的软件技术，组织具有该技术的创新主体构建专利开源项目，共同协作开发以形成该项软件技术的良好技术生态。另外，对于软件的专利开源项目在日常的运营过程中，建议依托于开放原

---

❶ 孙奇茹. 开源潮涌 中国"芯"迎新机遇 ［N］. 北京日报, 2022 - 09 - 05 (11)：1 - 2.

子开源基金会提供开源战略咨询、开源管理咨询、开源法律咨询、开源活动策划和开源品牌推广等服务。

4.4　国家层面专利开源战略

KIPO 的专利开源项目证实了专利开源是提高专利转化率的有效手段，然而我国并没有"国有专利"的概念，因此不能直接借鉴韩国的国家开源项目经验。本小节中，课题组首先对我国现有的专利开放许可制度和专利开源之间的关系进行研究，找出专利开源的定位，在此基础上从政策、环境和体系三个方面为国家专利开源提出战略建议。

4.4.1　专利开源对国家的影响

（1）专利开源促进专利运用转化

从国家层面来看，专利开源是提升专利转化率、促进产业发展的有效途径。例如，在 KIPO 的专利开源项目中，2009 年规定，凡自获授权后闲置三年的韩国国有专利，任何人均可免费使用三年。KIPO 项目的开源专利主要分布在微生物、种植、农产品、畜牧业、化学、医学等领域，而这些领域并不是韩国的优势产业，因此更需要在国家层面上提升专利技术的转化运用，促进技术发展。自 KIPO 实施国有专利免费许可制度以来，国有专利的转让数量逐年增加，截至 2012 年 9 月，在 2939 项国有专利中，有 543 项技术转让给民间企业；研发积极性持续提高，KIPO 项目主要研发主体在 2009 年之后的专利申请数量呈现较大的提升，积累的技术越来越丰厚；推进国有专利海外利用，韩国农村振兴厅开发的"不凝固的年糕"的制造技术不仅在韩国国内实现了超过 150件的技术转移，在美国也签订了 2000 万韩元规模的技术转移合同。可见，国家可以通过专利开源的方式推动本国非优势产业的专利转化和技术发展。

（2）专利开源是对现有专利运用的有益补充

中国正在积极探究适合本国的促进专利转化的运用方式。2021 年 6 月 1 日施行的《专利法》第四次修正案创设了专利开放许可制度。专利开放许可是专利权人自愿声明并经国家知识产权局公告，任何人依照声明的价格和标准支付费用即可便捷获得专利实施许可。不同于传统的"一对一"许可方式，开放许可可以实现专利权人一视同仁、简便快捷的"一对多"许可，有利于促进供需对接，提升谈判效率，降低制度性交易成本。为了确保专利开放许可制度平稳落地、高效运行，国家知识产权局在 2022 年 5月 11 日印发《专利开放许可试点工作方案》，在各个省份搭建许可信息发布平台，促进供需对接，做好定价指导等配套服务，完善激励和规范措施，并采取一定的支持措施。具体到试点省局，以上海为例，在上海知识产权交易中心网站、上海技术交易所的开放许可板块中查询到目前开放许可专利数量分别为 186 件、72 件。其中，蚂蚁区块链科技（上海）有限公司作为第一申请人的发明专利 ZL201911421292.5（基于区块链的服务请求方法及装置）已成交 5 次，支付宝（杭州）信息技术有限公司作为第一申请人的发明专利 ZL202110120355.4（一种基于区块链的服务准入方法及装置）已成交 4 次，上海罗金光电科技股份有限公司的 6 件涉及电光玻璃管的发明专利各成交 1 次。

《专利开放许可试点工作方案》施行以来，多个省份已完成许可信息发布平台的搭建，并且在一定程度上促进了技术交流和成果转化。专利开放许可作为专利运用方式之一存在以下四个方面的特点：一是专利权人对专利开放许可的意愿有待提升。虽然《专利法》第四次修正案规定开放许可实施期间对专利权人缴纳专利年费相应给予减免，并且各省份的相关部门也制定了一系列资金奖补、人才职称评定等激励措施，但短期内仍然无法显现出专利开放许可能够为专利权人带来的优势，因此专利开放许可发布数量较少。二是大部分专利开放许可需要支付一定的费用。尽管政府指导专利权人充分考虑开放许可"一对多"特点，适当降低许可使用费标准，鼓励专利权人进行阶段性免费许可，探索"先试用、后付费"等方式，并且部分专利开放许可是完全免费的，但是资金储备不足的中小微企业仍然可能由于相对高额专利许可费用而对心仪的专利技术望而却步。三是许可使用费评估机制仍需进一步完善。尽管《专利开放许可试点工作方案》指出，指导专利权人参考国家知识产权局已发布的"十三五"期间专利实施许可使用费数据中的同行业平均许可金额或费率，实现合理、公允、低成本定价，但是专利许可费用还应当结合技术的研发成本、技术的前瞻性、同类技术在市场中的交易情况等因素进行综合评估，而很多专利权人并不具备专利许可费用评估的专业能力。四是专利开放许可信息获取方式相对复杂。专利开放许可仍在试点推行，各试点省份分别搭建许可信息发布平台，每个平台上均包含各个行业的专利许可信息。这既给技术需求方增加了大量的检索工作，也不利于专利开放许可信息被更多的人发现。

专利开源在一定程度上可以解决专利开放许可中出现的问题。首先，开源主体是基于特定的诉求来创建开源项目的。市场开拓、技术聚集、产品防御、公益环保和专利转化五个开源诉求使得开源项目自构建之初就带有很强的目的性，开源主体对专利开源的意愿强烈。其次，专利开源是完全免费的行为，任何企业和个人都可以在遵守开源协议的前提下免费使用开源专利。这对于资金和技术储备不足的初创型企业尤其具有吸引力，企业和个人可以免费获取专利权人的较为成熟的技术，显著减少研发成本、缩减研发周期，有利于技术不断迭代升级。最后，开源专利信息容易获取。大多开源项目在其官网上均发布有开源专利清单，技术需求方可以按照其所处行业、开源主体的技术优势等直接定位到相应的网站上查询开源专利清单。

然而，专利开源并不能代替专利开放许可，这是由二者的专利运用目的决定的。经过之前的分析，专利开源中不同的主体诉求不同，有的是基于环保、绿色技术的工艺目的，更多是基于自身利益的考虑；而专利开放许可是为专利权人和公众搭建专利转化和推广应用平台，促进专利技术供需双方对接。专利运用目的不同，所选择的运用方式则必然不同。同时，专利开源依靠签订的开源协议进行行为约束，例如"不主张""反向许可"条款等，但法律效力较弱，对于许可人和被许可人约束力较差，法律风险较大；而专利开放许可受到法律保护，其方式、程序、期限、撤回、纠纷等都在

《专利法》中有规定。可见，专利开源可以作为专利开放许可制度的一种有益补充，根据产业发展情况来选择适合的专利运用方式。

4.4.2　国家层面专利开源战略分析

目前，我国缺乏针对开源专利的法律制度。为保障专利开源良好运行，结合我国现有法律制度，从以下政策、环境、体系三个方面制定我国专利开源战略。

（1）完善专利开源政策

鼓励特定行业专利开源，促进产业发展。对于行业技术整合能力较低、行业互补技术的复杂程度较高的行业以及专利转化率低的国内非优势行业，国家可适当鼓励专利权人进行专利开源，从而通过技术共享带动行业技术整合，提升专利转化率。对于鼓励专利开源的行业，建立可持续的专利开源激励机制。一是简化专利审查机制，减免专利申请费用和专利年费。对于在申请阶段即声明开源的专利申请，参照现行的加快审查制度加快公开和审查，促进专利的后续使用和再创新；对于开源专利减免专利申请费用和专利年费，为专利权人提供实际优惠政策。二是制定专利信息的宣传推广机制。对于开源专利，专利权人希望专利信息能够被大众所知晓并使用，所以可以通过官方平台将专利和相关信息免费推送，并通过大数据等手段将开源专利和技术需求方进行精确匹配，为专利权人和技术需求方搭建信息桥梁。

完善现有法律体制，保障专利开源良性发展。《知识产权强国建设纲要（2021—2035年)》中指出，要完善开源知识产权和法律体系。一是赋予专利开源协议法律属性。专利开源本质上是一种特殊的专利许可方式，专利开源协议也是一种特殊的专利许可协议，国家需要在《专利法》和《民法典》中对专利开源协议进行规范，明确专利开源的方式、程序、期限、撤回、纠纷等。二是增设开源专利技术的进出口管制规定，对于涉及国外企业和组织专利开源项目，要求严格履行出口管制的相关手续，并由政府加强监管。

（2）优化专利开源环境

支持国内创立专利开源组织。专利开源组织有利于促进我国开源生态良性可持续发展，凝聚企业力量。政府可适当积极引导国内专利开源组织建设，并提供相关的政策支持和经费帮助。通过政府指导，提高专利开源组织的运营管理能力，同时必须加强相应的管控，从而保障国内专利开源组织的专业化、统一化，进而与国际专利开源组织接轨。

促进专利开源项目交流。借鉴软件开源发展经验，国家可以支持举办专利开源峰会活动，为国内外开源相关方搭建交流合作平台，积极宣传开源文化，营造良好的开源生态。通过交流平台，及时发现专利开源过程中存在的问题，为专利开源政策制定提供参考。

（3）健全专利开源体系

搭建全国性的专利开源信息平台，提供专利开源配套服务。从目前国内专利开放许可的运行情况来看，各试点省份独自设立专利许可信息平台，开放许可专利查询不便；从各企业和组织开展的专利开源项目来看，技术需求方在遵守开源协议的前提下可以直接使用开源专利中的技术方案，并不需要与专利权人进行沟通，那么对于开源专利中未披露的技术细节、相应的配套设备等，技术需求方有可能在实施专利技术之前并不知晓，因此浪费了前期投入。对此，国家可以搭建全国性的专利开源信息平台，将平台上的所有开源专利按照行业、技术领域等进行分类，便于技术需求方进行查询；同时，允许专利权人附加额外的专利附属文件，对于开源专利中未披露的具体应用实施方式、相应的配套设备等进行补充说明。

设立专利开源研究和咨询机构，完善专利开源评估体系。国家可以设立专利开源咨询机构，邀请技术、知识产权和法律专家组成专家库，为专利开源项目提供技术发展和行业趋势分析，并对专利开源项目中会面临的知识产权和法律相关问题给出意见和建议。具体地，对于构建专利开源项目的一方，根据开源诉求和自身条件帮助其选择合适的开源模式及相关基本要素；对于加入专利开源项目的一方，帮助其分析开源项目的目的性和开源专利是否满足需求，并充分分析许可证下的权利和义务，确定开源项目所带来的法律风险能否接受。由此，可以保障没有能力专门设立专职专利开源负责部门的企业的权益。

建立专利开源纠纷协商与解决机构，健全专利开源保障体系。国家可以建立专利开源纠纷协商与解决机构，对于专利开源产生的法律纠纷进行调解与仲裁，探索在现行法律体系下对专利开源参与各方合法权益的保护方法，减轻各方对于专利开源的法律风险顾虑，从而促进专利开源这种创新模式的运用。

总而言之，专利开源已被证实是一种有效提高专利转化率、促进产业发展的专利运用方式，是对我国现有专利运用的一种有益补充。面对专利开源过程中存在的法律风险，我国应当从完善专利开源政策、优化专利开源环境、健全专利开源体系三个方面制定国家专利开源战略，规范专利开源过程中的行为，从而最大化地发挥专利开源对我国技术和产业发展的推动作用。

4.5 本章小结

本章先对专利开源与不同专利运用方式进行分析对比，从内涵、组织形式、目的作用、法律效力、政府参与、诉求、风险、比较优势等角度来分析各自异同，重点分析了专利开源与专利开放许可之间的差异，二者最核心的区别在于专利开放许可是一种专利许可制度，而专利开源本质上不是一种专利许可制度，仅是一种专利许可方式。基于对上述专利运用方式的基础理论性研究，课题组为企业、行业和国家层面的专利运用战略提供了相应的建议。企业层面，需要根据自身的诉求和产业环境选择合适的开源模式，决定构建或加入开源项目；行业层面，鼓励自主创建国内开源项目，依托行业协会设立开源项目管理机构，确立有效的成员协商机制，提高开源项目的影响力；国家层面，适当鼓励适合开源的行业创建开源项目，设立开源项目激励机制，搭建开源项目交流平台，提供开源配套服务。

第5章 专利开源风险分析及防控措施

专利开源可以满足市场开拓、技术聚集、产品防御、社会公益和专利转化的需求。然而，专利开源作为一种新的专利运用方式，是专利权人自发的行为，并不是一种专利运用制度，在运用过程中不可避免地存在一些风险。本章从企业、行业和国家三个层面，首先对专利开源的风险进行分析，进而根据风险特点来制定相应的防控措施，保障专利开源的良好运行。

5.1 企业层面风险及防控措施

随着专利开源的不断发展，越来越多的企业根据自身的需求选择加入或构建专利开源项目，例如国内多家科技型企业已加入 OIN 开源社区，特斯拉将自身拥有的所有专利开源。对于企业来说，无论加入或构建专利开源项目，在可以获取一定收益的基础上，还会面临一定的风险。课题组为了对企业在加入或构建专利开源项目时进行指导，进而使企业更加合理有效地运用开源项目，对可能存在的风险进行分析并预先制定相应的防控措施以进行风险应对。

5.1.1 企业层面风险

专利开源项目一般需要设置开源的组织形式、开源协议、开源专利列表等开源约束信息。其中，开源的组织形式、开源协议的变动、开源协议中的条款以及开源专利对外许可可能会导致法律方面的风险，在运用开源专利的过程中可能会导致技术方面的风险，因此从法律风险和技术风险两个角度对企业风险进行分析。

5.1.1.1 法律风险

开源项目一般都需要设置开源协议、开源的组织形式等内容。开源协议通常会规定许可方和被许可方的权利和义务以及多种不同的限定条款，开源的组织形式包括开源主体的注册地等信息，同时在参与开源项目或发起开源项目时均会涉及开源专利的使用、专利的对外许可等事务。在分析中发现专利开源面临的法律风险主要来源于开源协议、开源组织形式。针对开源协议，一方面，协议变动之后与之前的协议限制不同，可能会增加之前没有的法律风险；另一方面，协议中包括的各个限定条款可能会导致不同的法律风险。针对开源的组织形式，当开源主体的注册地发生变化时，会导致开源项目面临法律问题时法律依据的变化。

（1）开源协议所存在的法律风险

开源协议中一般会设置多种限定条款，其中设置的较为重要的条款会对协议可能涉及的法律事务进行明确的规定，而这些重要条款的设置也会导致一定的法律风险。基于对已有开源项目的开源协议的分析总结，一般开源项目包含的重要条款主要为不主张条款、转让限制条款、可再专利性条款、违约条款、权利用尽条款、反向许可条款以及病毒条款，现对以上各重要条款逐条进行法律风险分析。

1）不主张条款

不主张条款可分为两种：有限不主张条款以及无限不主张条款。有限不主张条款与无限不主张条款的主要区别在于：有限不主张条款的主体和对象都是有限的，即仅涉及部分专利，涉及的被许可人需要满足一定的条件；而无限不主张条款的主体和对象都是无限的，即涉及所有专利产品，且涉及的被许可人是所有人。因此，无限不主张条款要求被许可人不能对许可人所有的专利产品提起诉讼，这就会产生事实上的反向许可。

在已分析的专利开源项目中，以 OIN 和特斯拉为例，OIN 开源协议中的不主张条款为有限不主张条款，条款作用的对象仅限于加入 OIN 会员的被许可人，并且涉及的专利限定于 Linux 系统相关专利；而特斯拉开源协议中的不主张条款为无限不主张条款，条款作用的对象为所有被许可人，并且涉及特斯拉现在以及未来的所有专利产品，即如果主体加入特斯拉的开源项目，那么将不能对特斯拉的任何专利产品发起挑战，也就是一旦加入特斯拉开源项目就会丧失未来向特斯拉主张任何知识产权的权利，产生事实上对于特斯拉的专利反向许可。因此，不主张条款可能带来事实上反向许可的法律风险。

2）转让限制条款

大部分专利开源项目未对开源专利转让后是否继续开源进行明确限定。因此，当被许可人参与此类开源项目时，如果许可人后续将专利权进行了转让，那么专利的受让人可能不会继续对专利开源，被许可人继续使用专利就会存在侵权的法律风险。

在已分析的专利开源项目中，以 OIN 和特斯拉为例，OIN 的开源协议中并未包含转让限制条款，即未对开源专利后续转让后是否继续开源进行限定，那么企业参与 OIN 并使用了其开源专利后，如果使用的专利后续被转让给他人，他人未声明开源该专利，那么企业再想继续使用该专利就会存在侵权的法律风险；特斯拉承诺其开源专利将不受专利转让的限制，即使企业使用的特斯拉开源专利后续进行了转让，那么企业继续使用该专利也不会有侵权的风险。

3）可再专利性条款

大部分专利开源项目在开源协议中未设置该条款。如果某开源项目中明确包含了该条款，那么许可人的竞争对手就可能通过开源项目获取许可人的核心专利并在此基础上进行技术开发和专利申请，就会给许可人带来一定的风险。

在已分析的专利开源项目中，以 OIN 为例，OIN 的开源协议中包含了可再专利性条款，即被许可人可以在其开源专利基础上进行再专利。但是 OIN 的可再专利性条款存在一定的限制，被许可人仅可在 Linux 相关产品的专利基础上进行二次开发再专利，即便存在一定的限制，OIN 此条款的设置依然存在相应的风险。

4）违约条款

开源协议的效力与合同相同，一般均会设置包含违约行为和违约后果的违约条款。违约行为一般包括提起侵权诉讼、存在违法行为等。一旦违反了违约条款，许可的专利权即终止，就会影响被许可人后续专利权的使用以及产业发展，并带来侵权的法律风险。

已分析的专利开源项目均设置了违约条款。例如 KIPO 项目的开源协议中限定了在被许可人存在规定的违约行为时，可以书面通知其事实并要求解释，被许可人在收到此类通知之日起 30 天内未作出充分解释的，KIPO 可以单方面解除专利许可，那么被许可人后续再使用许可的专利或销售专利产品就会存在侵权的法律风险。

5）权利用尽条款

不同的专利开源项目对于权利用尽条款的限定不同，有的开源项目明确对权利用尽的情况进行了说明，设置了清楚的权利用尽条款，而大多数开源项目未对许可专利的权利用尽情况进行明确的说明。对于设置了权利用尽条款的开源项目，开源专利的免费许可顺延至集成商、销售商等产业链的各个环节，整个产业链均可从开源项目中获益。

在正常的专利许可情况下，权利用尽法律关系较为清楚。然而，在专利开源情况下，由于专利开源含义中的"免费"，被许可方在使用专利的过程中并未支付对价，而是许可方与被许可方依据开源协议进行授权，如果开源项目的开源协议中未对权利用尽条款进行明确的限定，或者在开源协议中明确仅将专利许可给特定的被许可人，例如产品的制造商，那么被许可人使用专利或制造产品是没有风险的，但是对于后续集成商和销售商而言，存在侵权的法律风险。

例如国内首个开源协议——木兰宽松协议——中规定了：每个贡献者根据"本许可证"授予永久性的、全球性的、免费的、非独占的、不可撤销的（根据本条规定撤销除外）专利许可，供您制造、委托制造、使用、许诺销售、销售、进口其贡献或以其他方式转移其贡献。即木兰宽松开源协议的专利许可范围明确延伸至后续的销售供应商，企业在参与使用木兰宽松协议的开源项目时就不存在权利用尽方面的风险，而参与使用其他协议的开源项目时可能会存在权利用尽方面的法律风险。

6）反向许可条款

目前已分析的开源项目均未明确包含此条款，而特斯拉开源协议中的无限不主张条款会产生事实上的反向许可，因此，可以视为特斯拉的开源协议包含此条款。

如果企业加入特斯拉的开源项目并使用特斯拉的开源专利，那么企业的所有专利都不能针对特斯拉提起主张，即相当于企业的所有专利都默认许可给了特斯拉。而对于企业来说，这一操作会使其丧失较大的权利和利益，因此在加入特斯拉的开源项目之前需要明确是否可以承担此方面的法律风险。

7）病毒条款

如果开源项目的开源协议中包含了此条款，被许可人一旦使用开源的专利，其后续基于开源专利而获得的专利也必须进行开源，那么企业在加入该开源项目并使用开源专利就会面临后续获得的专利也必须开源的法律风险。

在已分析的专利开源项目中，仅有软件领域的通用性公开许可证（GPL）协议涉及了此条款。GPL 开源协议相应部分内容如下：上述专利授权仅针对开源软件，如果非开源软件，需要①开源；②放弃基于专利权的收益；③获得授权并使之延伸至下游接收者。因此，GPL 协议的病毒条款并不是直接延伸传染至专利，而是其他权利的自动延伸，例如软件的著作权，而可能会导致专利开源传染的风险。

（2）开源的组织形式以及协议变动导致的法律风险

开源组织通常需要在某个国家进行注册，注册完成后，由开源组织发起的开源项目运行时发生的相关法律事宜，会受到注册地本地的法律限制，开源组织会根据自身的需求可能对注册地进行更改。如果注册地进行了更改，开源组织发起的开源项目适用的本土法律就会随之改变，这种改变可能会带来之前不曾出现过的法律风险。例如，近几年被国内看好的 RISC－V 指令集，为了规避地缘政治的负面影响，RISC－V 基金会在 2019 年 11 月将总部注册地从美国迁往中立国家瑞士并已得到批准。

对于目前已有的开源项目来说，开源协议的解释权均归开源项目的发起主体所有。发起主体可以根据自己的需要随时对开源协议进行修改完善，而更新之后的开源协议更改或增加的内容可能会带来原始开源协议不存在的法律风险，例如 Facebook 曾更改其开源 React 前端工具的开源协议中的专利条款。

Facebook 开发并在 2013 年开源了现在业内广泛使用的 React 前端工具，其开源使用两个许可证，第一个是通用的 BSD 许可证，第二个是其自身制定的专利许可证。2016 年 7 月 Facebook 修改了开源许可协议中的附加专利条款，修改后的内容明确限定了如果被许可人在产品里用到了 React，那么被许可人自身对于产品所拥有的知识产权也等于直接送给 Facebook 免费使用。这就会产生事实上的反向许可，增加了原始协议不存在的法律风险。

新修改的附属协议引起了社区开发者们的强烈不满。2017 年 7 月，开源组织 Apache软件基金会将基于 Facebook BSD＋Patents 协议的开源软件列入了黑名单，并且 WordPress、百度等大型公司宣布停用 React 开源项目以规避风险。此后，Facebook 公开发表声明，表示从 16 版开始，React 将不再使用 Facebook BSD＋Patents 协议，而是采用 MIT 协议。

Facebook 修改开源协议的这个事件一方面说明了现在企业在参与开源项目时逐渐关注知识产权方面的风险，另一方面可以给想要或正在参与开源项目的企业以提醒，在参与开源项目过程中，单方面的协议变动风险其实一直存在。因此，企业在参与开源项目之后也要时刻关注其开源协议是否变动，以及变动后的协议是否会侵犯自己的权益或带来不能承受的法律风险。如果存在相应的法律风险，企业应及时评估是否需要终止参与该开源项目。

5.1.1.2　技术风险

当企业发起开源项目作为许可人并贡献专利时，基于其贡献的专利可能会产生相应的技术风险；当企业参与开源项目作为被许可人并使用开源项目的开源专利时，由于专利自身的特点，实施这些开源专利同样可能会产生一定的技术风险。

（1）专利技术存在被动开源的风险

企业在参与某个开源组织或开源项目之后，使用开源项目的开源专利的同时可能也需要贡献专利，即成为被许可人的同时也可能成为许可人。针对其许可人的身份，企业参与开源项目之后由于开源项目或协议的影响，可能被动贡献意料之外的专利技术；同时，开源项目涉及技术的不断发展使得不断有新的技术加入开源项目中，企业涉及新技术的相关专利可能会在未来被动开源，也会影响企业未来可能获得的专利技术。这对于企业来说会存在一定的不确定性技术风险。

一般参与一个开源项目并不仅仅是简单地成为会员或使用某项专利，企业往往会更深层次地参与到开源项目中去，因此开源项目的技术演变发展就会对企业的专利产生一定的影响，可能存在企业在加入开源项目时预期风险以外的技术风险。

以 OIN 为例，OIN 社区的所有会员都是被许可人，作为被许可人享有的权益是一致的，但会员是分为三个等级的，最有权力的是创始会员，然后是准会员，最后是普通会员。只有创始会员有重新定义 Linux 系统的"投票席位"即决策权，其他会员则没有参与决策改变定义的权利。因此，OIN 对于 Linux 系统涉及组件的决策会员之间并不透明，资助会员之外的企业加入 OIN 之后对于未来哪个组件会加入 Linux 系统并无选择权，只能被动接受，就存在自身的其他专利被意外开源的风险；随着 Linux 系统不断更新迭代，不断会有新的技术运用到 Linux 系统。对于成为 OIN 会员的企业，根据 OIN 的开源协议，加入 OIN 之后需要将自身涉及 Linux 系统的专利免费许可给所有 OIN 会员，因此 Linux 系统更新可能使 OIN 的开源协议作用于企业未来可能获得的授权专利，带给企业不确定的风险。由于 OIN 开源协议是基于 Linux 系统也即产品，意味着未来相关软件技术的演变发展会对企业的专利产生影响，可能存在超出专利权人预期的风险。

（2）无法把竞争对手排除在外

类似于标准必要专利中的 FRAND（公平、合理、无歧视）原则，专利开源也设置了相应的无歧视原则。基于专利开源的定义可知，专利开源是指专利的持有者，在特定条件下，以零使用费的方式将所持有的专利的部分或全部权利交与不特定人使用，即专利开源面向的对象是"不特定人"，此处的"不特定人"指的是专利开源的对象是广泛的、开放的，不能仅限制于特定的对象。

因此，当企业发起一个开源项目作为开源专利的许可人时，需要将自身的部分专利技术对外进行免费许可。而由于不特定人的限制，企业作为开源主体无法选择开源专利的被许可人，即无法将其竞争对手排除在开源对象之外，那么竞争对手参与企业发起的开源项目就可以获取开源专利中的技术专利并免费使用。这会对开源主体本身产生一定的技术威胁和冲击，造成一定程度的技术风险。

（3）竞争对手在核心专利基础上二次开发

前面已经提到过，当企业发起一个开源项目作为开源专利的许可人时，无法将其竞争对手排除在开源对象之外，那么竞争对手可以获取开源专利中的核心技术专利进行二次开发。而竞争对手二次开发出来的技术和产品反过来会在市场上对企业产生威胁，就可能造成企业自己创新发明的技术被别人利用抢占了自己原有市场的局面。

同时，如果竞争对手在开源专利的基础上进行研发、申请专利并且后续主张知识产权，就可能会阻碍企业之后的技术发展，对开源主体本身产生相应的技术风险。

例如，前面法律风险部分提到的开源项目 OIN，由于 OIN 的开源协议中包含了可再专利性条款，虽然 OIN 的可再专利性条款存在一定的限制（即被许可人仅可在 Linux 相关产品的专利基础上进行二次开发再次申请专利），但是如果他人基于企业参与开源项目后贡献的开源专利再次申请专利以及进行后续的知识产权主张，那么就会对企业产生一定的技术风险。

（4）被动接受开源项目的技术路线

基于专利开源的定义，当企业加入开源项目之后，作为被许可人，在满足开源协议的条件下就可以免费使用开源项目中的开源专利。然而由于专利本身自带的特点，使用这些开源专利也会存在一定的技术风险，主要包括以下两个方面的技术风险：

一方面是技术方案实施上的风险，专利申请包含的技术方案与落地实施方案之间都会存在一定的距离，例如缺少具体的参数以及实施细节等内容。被许可人在实施专利时还会存在一定资金上的、人员上的、产业等技术风险，如果专利的技术方案存在问题，那么被许可人为实施方案所花费的资金、人员、场地等资源均会被浪费。

另一方面是技术路线上的风险，基于不同的开源诉求，企业加入的开源项目并不一定与其发展路线完全相同。当企业加入的开源项目与其技术发展路线相同时，企业加入开源项目并使用开源专利，就相当于接受了开源项目的技术路线。然而，开源项目的技术路线不一定正确并且不一定适配于企业自身的发展，那么就会造成技术路线实施、规划和后续发展上的风险；同时，开源项目中开源的专利不一定是其最先进最核心的技术，单纯地按照开源专利的技术路线进行发展可能会存在一定的问题，给企业带来不确定的风险。

以特斯拉为例，特斯拉并不热衷于申请专利，它的大部分核心技术都选择以技术秘密的形式进行保护，而不是以专利进行保护。因此，特斯拉拥有的和开源专利中包含的技术也不是它最先进的技术，如果企业加入特斯拉的开源项目，基于其开源的专利进行相应的研发、生产以及技术路线的规划发展等，那么就会存在很大的技术风险。

5.1.1.3　专利开源项目的风险分析

基于对已有开源项目中 5 个代表性项目的开源协议分析，各开源项目的开源协议涉及的主要条款以及企业加入时的法律风险等级如表 5 - 1 - 1 所示。

表 5 - 1 - 1　开源项目的开源协议涉及的主要条款以及企业加入时的法律风险等级

项目名称	协议条款							法律风险等级
	不主张条款	违约条款	权利用尽条款	转让限制	可再专利性	反向许可	病毒条款	
OIN	√	√	√		√			中等
KIPO 项目		√						低

续表

项目名称	协议条款							法律风险等级
	不主张条款	违约条款	权利用尽条款	转让限制	可再专利性	反向许可	病毒条款	
特斯拉	√	√	√	√				较高
大金公司	√	√						中等
Low Carbon	√	√						低

基于 5 个专利分析项目的开源专利分析以及相应的技术分析，可以确定当企业加入各项目时面临的技术风险以及技术风险等级，如表 5 - 1 - 2 所示。

表 5 - 1 - 2　企业加入各项目时面临的技术风险以及技术风险等级

项目名称	技术风险	技术风险等级
OIN	专利权人可能被动开源预期之外的专利技术，并且 Linux 系统技术演变发展可能会影响专利权人未来获得的专利技术	主体涉及 Linux 系统层应用开发，风险等级为中，需要评估风险敞口
		主体属于上层应用开发时，风险等级为低
KIPO 项目	开源专利价值度不高	中等
特斯拉	特斯拉是弱专利公司，在某些关键领域未以专利形式对技术进行保护，因而其技术路线不完整	较高
大金公司	大金公司开源专利涉及的 R32 技术属于 HFCs 第三代制冷剂，未来可能被第四代制冷剂取代	中等
Low Carbon	开源专利主要局限于计算设备的能耗控制以实现低碳环保，与我国目前碳减排涉及的主要行业不匹配	低

5.1.2　防控措施

由前面的分析可知，企业的法律风险主要来源于开源组织形式、开源协议以及开源专利。开源协议设置的各个条款一方面可能带来风险，另一方面其实也提供了规避风险的手段。企业的技术风险主要来源于对于开源专利的实施；对于各种可能导致的技术风险，企业也可以有针对性地设置相应的手段来进行风险防控。针对以上提出的风险，并参考软件开源领域中的 ISO/IEC 5230 管理规范，现初步制定企业专利开源风险防控规范如下。

（1）构建企业内部专利开源风险防控体系，加强企业内部开源管理

如今各类产业的企业内部分工细致，在产业链上下游均会涉及与其他企业的合作，因此，企业不只需要确保内部使用的所有开源专利技术符合协议和法律规定，也需要背负上下游厂商是否合规使用开源专利技术的风险。因此，为了规范性地使用开源专利技术，企业只有制定内部专利开源管理规范，构建企业内部专利开源风险防控体系，加强内部的开源管理，才能确保合规使用开源专利技术。

在开源领域，使用范围最广的是软件开源。为了使企业更加规范地使用开源软件，Linux 基金会发起了 OpenChain 项目❶，基于此项目制定了开源授权合规国际标准 ISO/IEC 5230。该标准明确了企业在使用开源软件过程中需要满足的基本要求，能够帮助企业创建管理开源软件的流程，确保实践开源合规于流程中。

因此参考 ISO/IEC 5230 标准，课题组初步制定了包括基础措施、实现专利开源项目所需的支撑、审查及批准开源项目、开源项目管理以及使用第三方产品五部分的企业内部专利开源风险防控体系，如下所示。

企业内部专利开源风险防控体系

一、基础措施

（1）企业需要制定专利开源政策，用于规范性管理专利开源，该政策必须在企业内部进行传达。此部分企业需要设置专利开源政策记录文档，以及可以记录的用于让员工知晓政策的沟通流程，加强员工专利开源风险防范意识培训。

（2）企业应建立至少由技术专业人士、开源专业人士、法律专业人士组成的专利开源部门，负责审查和研究开源项目，参与开源项目时对协议进行解读/发起开源项目时制订开源协议，参与开源项目或发起开源项目前评估风险，针对可能出现的风险制定对应策略（例如在使用开源技术时可能存在侵权风险，若发生侵权事件，可以以预先设置的技术替换、技术规避等方法进行处理以应对使用开源技术导致的开源专利侵权风险），与第三方沟通等专利开源相关事务，并配备相应的开源专利分析管理自动化工具。此部分企业需要设置记录开源部门内各人员的职位、职责的文档以及人员具备任职资格的证明，如无法证明，则需要进行相关的培训学习以保证各人员可以胜任其对应职位。

（3）企业设置的专利开源部门应确保开源参与人员知晓不限于专利开源政策、专利开源目标、专利开源参与人员可以为开源项目作出的贡献以及未能遵守专利开源要求可能带来的不良影响的专利开源知识。此部分企业需要设置开源参与人员是否知晓上述内容的证明。

（4）不同的专利开源项目涉及企业的不同产业范围，例如可能仅涉及一个产品线，

---

❶ Open Chain. Open Chain Security Assurance Specification［EB/OL］.（2022 - 09 - 28）［2022 - 12 - 30］. https://github.com/OpenChain - Project/Security - Assurance - Specification/blob/main/Security - Assurance - Specification/1.1/en/openchain - security - specification - 1.1.md.

或涉及某个整体部门或涉及整个企业，因此，需要明确每个开源项目涉及的范围。此部分企业需要设置明确每个开源项目范围和限制的书面证明。

（5）企业需要设置一个审查和记录专利开源协议以及使用开源专利的流程，以明确每个专利开源协议的义务、限制和权利。

二、实现专利开源项目所需的支撑

企业需要确认并为开源项目任务分配以下资源：

（1）分配人员以确保项目的成功执行；

（2）分配履行该项目的时间及充足的资金；

（3）设置用于审查和支持项目的流程；

（4）设置可同与专利开源项目相关的法律专家接触的指导人员；

（5）设置一个解决专利开源争议的流程。

此部分企业需要设置：一份用来记录开源项目参与人员、团体或职责的确切名称的文档；确保各相关人员已有明确安排，并提供充足的资金；确认有内部或外部的法律专家来解决专利开源可能产生的争议事宜；一份用来描述如何审核和修复存在争议的事项的流程文件。

三、审查及批准开源项目

（1）企业需要设置一个用于建立和管理参与开源项目涉及内容清单的流程，该清单包含但不限于参与或发起的开源项目中的开源专利列表、专利出处、开源协议、评估风险等内容并保持与开源项目的同步。

此部分企业需要设置：一份用于识别、跟踪、审查、批准和归档开源专利出处、开源协议、评估风险等内容的记录流程，以便于在发生侵害时及时发现受影响的部分，进行快速定位和处理。

（2）企业需要保证开源协议使用的合规性，需要设置使用开源专利时经常涉及的开源协议使用案例及对应的处理方法。

此部分企业需要设置：一个用来处理在使用开源专利时经常涉及的开源协议使用案例的流程。

四、开源项目管理

如果企业发起开源项目并允许项目的参与者们对开源项目进行贡献，则需要设置以下内容：

（1）一份书面用来管理对开源项目的贡献的政策；

（2）该政策须在该组织内部传达；

（3）存在一个实施该政策的流程。

此部分企业需要设置：一份记录开源项目贡献政策的文档、一份用来记录项目参与人员对于开源项目具体贡献的文档、一个有记录的管理开源贡献的流程，并确保所有相关人员知晓此政策。

五、使用第三方产品

企业采购和使用可能涉及开源专利的产品时，应要求产品供应商将开源专利使用相关的权利义务要求写入合同，以督促供应商合法规范使用开源专利，减少不必要的风险。

（2）企业运用构建的内部专利开源风险防控体系，对开源项目进行事先评估、事中跟踪

① 对拟参与的开源项目中可能涉及法律风险的事项（例如开源组织架构、开源协议条款等）进行事先评估，并且在参与开源项目之后进行持续的跟踪记录和再评估，以及时发现可能的风险点并进行防范。

② 在发起开源项目时，根据自身的目标与条件对项目运行过程中可能发生的风险进行充分的评估，并通过开源项目组织架构的设置、开源协议各条款的设计对可能发生的不能承担的风险进行提前规避。

③ 在使用开源专利过程中需要对可能发生的法律纠纷进行评估，在对外进行专利开源过程中需要对可能产生的法律纠纷以及出口管制风险进行评估，并针对可能产生的风险设置相应的应对策略。

（3）企业需要对开源的专利技术进行事先评估、筛选和事中跟踪，并坚持技术的自主研发

① 在参与或发起开源项目时，需要对开源的专利技术以及开源项目变化导致的专利技术被动开源进行预估，并对开源项目的技术路线变化进行跟踪和再评估，以及时发现风险并设置相应的措施进行规避。

② 在发起开源项目时，需要根据自身的诉求对开源专利列表进行筛选，涉及企业核心的技术可以有选择性地进行部分开源或辅以专利之外的其他形式进行保护，以防范竞争对手获取完整的核心技术。

③ 在发起开源项目时，为了确保自身的核心技术不被他人利用，在设置开源协议时可以选择设置相应的条款以防范可能发生的风险，例如，通过设置可再专利性条款对开源专利的再专利进行防范。

④ 在使用开源专利技术的同时，也应注重并坚持关键技术的自主研发，避免一味使用他人的开源专利技术而给自己带来不确定的风险。

5.2 行业层面风险及防控措施

为了实现专利开源的不同诉求，专利开源往往会应用到具体的行业中，以本课题涉及的 16 个专利开源项目为例，就涉及软件、新能源汽车、空调、环保、生物、区块链的不同行业。通过相关领域专利的汇集，将领域中的技术、创新主体都吸引过来，以期通过专利技术的共享形成研发成本更低、技术迭代更快的产业链，发挥创新与协同作用来推动行业的发展进程。然而，专利开源应用到具体的行业中，可能会影响行业的发展，那么这些专利开源项目是否有利于相关行业的发展，是否会影响行业的竞争格局，是否存在潜在的行业风险就是亟需考虑的问题。课题组将以现有开源项目为基础，结合知识产权制度、法律知识、行业现状等方面，分析专利开源的行业风险，并针对行业风险给出防控措施建议。

5.2.1　行业层面风险

通过深入研究与分析，课题组认为专利开源可能存在的行业风险主要体现在以下四个方面。

（1）专利开源对行业技术路径方向的影响

专利开源将持有的专利技术免费提供给不特定人使用，降低使用专利的门槛，减少研发成本，降低专利许可费用，对企业更具有吸引力。随着越来越多企业的加入，会形成某一行业的规模效应。另外，专利开源通常面向社区，这些持有相关技术专利的成员，通过专利共享，构建了在特定行业中更加完整的专利生态，有利于形成"虹吸效应"，吸引更多的相关技术，从而可能会形成一个特定行业的技术聚集现象。这对于行业技术路径的发展方向可能存在一定的影响。

一个行业的健康发展离不开技术路径的更新迭代，而技术路径的选择会受到政策、技术壁垒、研发成本、研究实力、技术优势、资金、市场前景等多方面的影响。而专利开源有利于形成产业链上技术聚集效应，有助于打通产业链的各个环节，带来成本优势和技术优势，避免行业的同质化研发而导致的大量资源浪费；对企业来说，可以大量减少研发投入，缩短研发周期，降低研发失败风险。技术聚集所指向的同一发展路径，会成为更多企业的选择，从而影响整个行业技术发展路径的方向。

以大金空调为例，通过在全球开放 R32 相关专利，大金公司借助于专利开源将行业中的创新主体吸引到 R32 这一研发路径上，加速了 R32 在全球范围内的普及和技术研发，影响了空调制冷行业的技术路径发展方向。

当然，在关注专利开源促进打破行业壁垒，推动行业发展的同时，也要关注其中存在的风险。受制于政策影响、研发瓶颈、技术本身存在的弊端乃至地缘政治等因素，技术的发展存在较大的不确定性。一旦专利开源引领的行业技术方向存在偏差甚至带错了方向，对于整个行业来说，前期投入的大量研发资源、产业链创建都将遭遇重大损失，甚至可能阻碍行业的发展。

前面提到的空调制冷技术发展也在一定程度上反映出可能带来的其他影响。2021年 9 月 15 日正式对中国生效的《基加利修正案》中，进一步加强对氟化气体特别是 HFCs 等非二氧化碳温室气体的管控，二代制冷剂 R22 将逐渐被禁用，需要寻找更为环保的新型冷媒。R32 技术相对成熟，作为三代制冷剂是当前市场的主流技术路径，成为 R22 的有力替代产品。然而，从长期来看，R32 只能作为实现绿色环保最终目标的过渡品种。尽管 R290 等第四代制冷剂产品尚在探索阶段，但其作为更为理想的环境友好冷媒，是我国为履行《基加利修正案》国际义务更理想、更长远的选择。R32 的技术路径看来并非更优的技术路径。

可见，专利开源形成的技术聚集也有可能会对行业技术路径的发展带来一定的负面影响，而一条完整的产业路径上涉及的环节很多，一旦行业的技术路径需要调转方向，则会牵扯众多的资金和研发投入，可能会影响行业发展进程。

（2）引入国外的专利开源对本国产业的影响

专利开源还属于新兴事物，整体处于前期的积累阶段，即便是发展较为成熟的 OIN 专利开源也不过十几年，像 Low Carbon 自 2021 年 4 月提出，还不能看出给本国产业带来的现实影响或冲击。

但开源项目对企业的吸引力逐渐加大，扩张速度很快。以 OIN 为例，从成立时的谷歌、IBM、飞利浦、索尼等几家企业扩张到 2023 年 10 月的 3800 多个会员，腾讯、小米、华为、字节跳动、阿里巴巴等国内企业均已加入了 OIN 社区。随着开源项目的快速发展，行业的渗透更加深入，其影响力将逐渐扩大。另外，目前专利开源项目影响力比较大的基本都是国外的项目，我国企业在专利开源项目中发挥的贡献者的作用虽然越来越大，但更多的还仅仅是开源专利的使用者。就上述 16 个专利开源项目，中国主导的专利开源项目数量为零。像具有全球影响的 OIN、特斯拉，都是以美国为主导，因此在专利开源上，我国并不占优势。随着国外专利开源项目的引入，在未来一定时期，这些项目一旦成长起来甚至成为行业主导，将可能占据技术优势和产业链优势，自然而然会对我国行业产生一定冲击。

专利开源是将自己持有的专利技术免费交由他人使用，所开源的专利也多是具有市场影响力的专利技术。国内的很多企业出于减少研发成本、降低使用专利的许可费用的目的，更愿意使用开源的"免费"专利。但这也带来一个隐患，那就是与传统的专利制度所造成的企业为了获得专利技术垄断权而着眼于自身专利研发相比，使用开源专利后，部分国内企业可能会因此而减少对后续或者其他专利技术的研究。长此以往，本国相关产业的研发能力可能停滞不前甚至退化，缺乏对基础技术工程创新的布局，容易出现技术上的空白点。当专利不再开源，或者国外的开源专利技术不再先进时，本国产业面临的处境将会难上加难。

（3）形成技术垄断妨碍竞争的可能性

专利开源的诉求包括市场开拓、技术聚集、产品防御、社会公益、专利转化。当专利开源的诉求是为了实现技术聚集，以便存在多种技术路线时，企业通过专利开源将其他企业研发方向聚集到自己的技术路线上，形成竞争优势。此时就面临着选择一些技术不选择另外一些技术的情形，这很可能是因为被选择技术具有更优的效果、更低的成本、更高的价值、更好的兼容性等，此类聚集是有利于竞争和整体社会效应的。当然也有可能存在一种风险，即参与技术路径确立的经营者通过意思联合或资源分配，有可能故意通过技术的选择，达到巩固少数寡头地位的目的。此外，在专利开源中的专利权人一般不止一个，且开源项目通常只赋予项目参与者内部成员的免费使用权，对于开源项目之外的第三方仍享有独立的具有垄断性质的专利权，各专利权人就很有可能在开源项目内部约定以达到联合控制市场的期望，如数量限定、价格限定、地区限定，产生横向协议限制竞争。所谓横向协议限制竞争行为是指由几个具有竞争关系的企业组成企业联合体共同参与实施一个计划，各参与企业对实施后果有明确的认识，即知道该行为将使竞争受到限制或者使已经受限制的市场状态继续维持下去。其主要表现为共同决定市场份额、商品的服务或价格、销售量、销售地区、销售对象以及确定行业技术标准等，以达到相互制约企业竞争行为、共同控制市场、排挤竞争对手的目的。

特别是当专利开源项目的最终目的是推进建立某一行业标准时，由于同业内的企业之间存在着潜在的竞争关系，因而这些企业为设定统一的标准而开展的协调、联合行动，实际上就存在形成用于限制竞争目的的非法垄断的可能性。

（4）开源项目权限的不透明对行业发展的影响

为了便于管理，开源项目通常会设置有管理规范。这些规范可能包括组织规则，会员的加入、退出机制，会员的权利义务等。然而有些开源项目中，组织规则并不那么容易理解，对于涉及的一些权限也并非完全透明。以 OIN 社区为例，OIN 所有的会员都是被许可人，作为被许可人享有的权益是一致的。但会员是分为三个等级的，最有权力的是创始会员，然后是准会员，最后是普通会员。然而值得关注的是，创始会员的权力并不透明。而创始会员和准会员之间有什么不同，OIN 网站上似乎没有相关信息。据谷歌开源主管 Chris DiBona 的说法，只有创始会员有"投票席位"，而准会员没有"投票席位"，但"投票席位"作用有多大？创始会员是否会通过控制"Linux 系统"的定义以满足自己的利益？创始会员在何种情况下可以达成一致来改变定义，也没有明确的说法。然而，可以确定的是只有创始会员有权重新定义"Linux 系统"，这些可能导致一定风险，如发起人或参与者可能会利用这种权限的不透明，达成某种行动上的一致，通过组成行业垄断联盟而阻碍其他企业的发展，减少潜在的竞争，限制中小企业。这不利于行业的良性竞争。

5.2.2　防控措施

针对存在的以上风险，从提升核心技术研发实力、强化监管、加强主导等方面提出以下措施。

（1）做好行业技术路线预判，加强关键技术的自主研究

坚持问题导向和需求导向，梳理出最紧迫、最关键、最核心的技术。对于自主研发较难、难出成果、失败风险大且存在引入可能的技术，可以通过适当方式（如参与国外的开源专利项目），适时引入技术以降低研发成本。但在引进国外专利技术的同时，要强调"再创造"的过程。对于完全需要自主研发的技术，要集中各方资源，完善开放式协同创新和联合攻关机制，提高我国整体自主创新和科技攻关能力。在研发中还要坚持现实可行性和未来前瞻性相结合，关注国际动态，统筹考虑发展需求，强调技术先进性与技术多样性相结合。采用多层次技术和多样化技术路径来降低单一技术路径开发和利用的风险。

（2）鼓励行业组织或者领军企业探索特定行业专利开源的运用实践

要做好专利布局，完善自主知识产权体系，提高抵御风险能力。发挥专利制度优势，探索多元化的专利运用方式。可以借鉴国外专利开源的经验，针对适合专利开源的行业，探索在国内建立自己的专利开源项目，在发挥专利保护创新作用的同时强化资源整合，推动联合创新，提高研发成效。

（3）政府与行业组织加强技术过于聚集时的监管，避免技术垄断

1）充分发挥行业协会作用

在参与或者发起专利开源项目前期，企业间要充分沟通，对于可能存在的技术垄断做好充分研判。行业协会要引导成员企业在专利开源项目中以诚实信用为原则行使专利权，建立健全自律性约束机制，进一步完善开源管理规范，尽量避免技术的过于集中。

2）强调政府对于开源项目的监管

加强政府对专利开源项目的监管，降低垄断风险。尤其对于行业内重要的技术，可以实行备案制。政府可以设置专门机构负责对专利开源项目的定期跟踪与评估，对可能出现的技术垄断做好预判，并及时采取有效措施。可以采取适当的干预专利开源项目的措施，如对开源协议中涉及垄断的条款进行规制；也可以采取干预企业的行为，如禁止专利开源中的一些龙头企业妨碍正常交易、禁止采取不公正的竞争方法以欺诈性来垄断市场、禁止企图垄断的联合、加大反垄断的处罚力度等。

（4）成立政府或行业协会主导的开源指导中心，强化中小企业应对风险的能力

针对中小企业在专利开源中相对处于弱势地位的情况，可以成立一个政府主导或者行业主导的开源指导中心，为风险应对能力不足的中小企业提供参与开源前的事前指导、出现纠纷后的事后帮助，提升整体应对纠纷能力。

5.3 国家层面风险及防控措施

专利开源不仅可能存在企业和行业风险，而且由于运用过程中涉及相关的法律约束，可能存在国家层面的风险与制度空白点。接下来将从现有法律运用的角度分析潜在的国家风险，并针对相应风险提出防控措施和宏观政策建议。

5.3.1 国家层面风险

5.3.1.1 专利开源对专利制度的挑战

专利开源秉持的是开放共享的理念，免费将自有专利交于他人使用。在以往，对创新技术总是强调进行及时有效的专利保护以构建竞争壁垒，但是专利开源作为一种创新的专利运用方式却是强调专利公开透明、协作共享，两者理念有着很大的不同，这给传统的专利制度带来了一定的挑战。那么专利开源是否会对现行的专利保护制度带来冲击？

通过对专利开源项目进行分析并结合专利制度的深入思考，可以认为开源专利对专利制度的影响仅体现在微观层面，具体理由如下。

（1）专利开源是专利运用的一种新表现形式，不会实质影响专利制度

专利制度经过数百年的发展，逐渐成为人类技术创新与进步的动力源泉和制度保障。这已是世界各国和地区形成的共识，绝大部分国家和地区对专利有相应的保护措施。对于中小企业，专利是保护创新成果、抵抗竞争对手和防止大公司抄袭的有力武

器。对于行业巨头，如苹果、微软、谷歌、华为等公司，庞大的专利储备更是获得优势地位的有力保障。就专利开源来说，基础仍是专利，仍然存在申请、确权与维权的过程，只是权利人暂时让渡了部分权利而已。就如特斯拉在《专利承诺》中载明的那样，承诺的仅是诉权的暂缓执行，而专利权仍是特斯拉不肯放弃的权利基础，侵权诉讼仍是特斯拉最终的救济手段，其权利的获得与行使仍然需要依赖于已有的专利制度。开源如果脱离了专利制度，只是寻求一种创新技术的共享，缺乏有效的共享钳制制度，那么很有可能抄袭泛滥，抑制创新积极性。因为专利权的存在，才让专利开源能够在设定规则下有序运行。

特斯拉所发布的《专利承诺》本质属于法律意义上的单方许诺，涉及该许诺有效性的判断、如何界定其中的权利与义务、一旦违反是否存在违约责任等，必然会带来一些法律问题。这些问题主要涉及开源专利的操作层面，相关内容未来可以通过司法解释、有指导意义的司法案例等进行明确。因此课题组认为，专利开源实质是在现有专利制度框架下，基于自身商业策略专利运用的一种新表现形式，仅需要在运行中进行一定的规制，并不会冲击整个专利制度。

（2）专利开源不等于专利无用，要警惕"专利无用论"

尽管专利开源不会实质影响专利制度，但现在社会上出现了一些拥抱技术开源、抨击专利垄断的负面声音。比较有影响力的是，特斯拉 CEO 埃隆·马斯克曾公开发言，认为"专利无用，要关注创新"❶，2022 年的 9 月 21 日，他接受美国 CNBC 主持人采访时再次表态，"专利是弱者的行为"❷，认为搞专利封锁是弱者的行为，表示不会用专利来堵截后来者。这种"专利无用论"在国内引起了一定的波澜。然而，通过深入分析就会发现，这些言论只是一些既得利益者为了一些其他的战略目标而提出的个人观点。

知识产权保护策略是企业发展战略中的重要组成部分，选择什么样的知识产权保护策略是企业从长远发展目标出发，结合当前发展实际和市场前景而作出的战略安排。❸ 在马斯克的事业发展初期，同样依赖专利来保护创新成果，抵御侵权风险，逐步构建自身技术的"护城河"。随着企业的发展以及国际国内形势的变化，一些企业会改变原来的保护策略以保证获得更好的发展态势。特斯拉目前采用的策略确实是一种专利弱保护，更多优势技术选择采用商业秘密进行保护，❹ 但这并非因为专利制度价值降低，而是出于企业自身发展需求而选择的一种知识产权保护策略，仅代表个别发展现象。就电动车领域，通过前面的专利分析可知，更多的企业还是选择专利来保护创新。

---

❶　"Patents are for the weak"，马斯克认为搞专利封锁是弱者的行为，参见：中国为何应该警惕马斯克"专利无用论"的舆论传播 [EB/OL]. [2022 - 10 - 05]. https：//view. inews. qq. com/a/20221006A0009200.

❷　这是自 2014 年马斯克宣布开放特斯拉专利后，他本人面对媒体对"专利无用，要关注创新"的又一次表态，参见：中国为何应该警惕马斯克"专利无用论"的舆论传播 [EB/OL]. [2022 - 10 - 05]. https：//view. inews. qq. com/a/20221006A0009200.

❸　陈锐军. 中小企业知识产权保护策略浅析 [J]. 法制博览，2020（19）：23.

❹　对于垄断保护的技术不是采取商业手段而是商业秘密进行保护，商业秘密并没有对外公开，这是马斯克策略好的方面。参见：特斯拉开放专利"阳谋"背后的商机 [EB/OL]. (2021 - 07 - 14) [2022 - 12 - 30]. https：//www.chtow.com/h - nd - 1151. html.

所以，专利现在以及未来依然是企业保护知识产权的重要方式。

对我国而言，专利制度的重要性更是如此。当前，我国开启全面建设社会主义现代化国家新征程，知识产权保护和科技创新工作面临着前所未有的形势和挑战。❶我国想要提升和强化关键领域和重点产业核心竞争力，通过前瞻性科研布局和关键核心技术的突破，形成一批以专利为核心的高质量自主知识产权是重要的基础保障。重视和加强知识产权战略，开展核心技术攻关，在关键领域加强自主知识产权创造、储备和保护，积极支持重点产业海外专利布局，是激发全社会创新活力、推动构建新发展格局的强大动力。

综上，专利开源的存在并不是为了否定甚至推翻专利制度，反而是以一种更加创新的方式来发挥专利制度鼓励科学技术进步作用的积极探索。我国的创新发展依然需要专利制度来推动。

5.3.1.2 技术进出口管制对专利开源缺乏有效监管

国家出于政治、经济、军事和对外政策的需要，制定商品出口的法律和规章，以对出口国别和出口商品实行控制。对于一些特定的技术，国家也会通过进出口的管制来规范技术的进出口。而专利开源往往是全球性的，使用开源的专利是否受到出口管制是必须面临的问题。下面将分析中国和美国专利的出口管制制度。

（1）中国技术进出口管理

我国是通过《中华人民共和国技术进出口管理条例》（以下简称《技术进出口管理条例》）实现对专利技术的进出口管制的。

有关条款如下：

第一条 为了规范技术进出口管理，维护技术进出口秩序，促进国民经济和社会发展，根据《中华人民共和国对外贸易法》（以下简称对外贸易法）及其他有关法律的有关规定，制定本条例。

第二条 本条例所称技术进出口，是指从中华人民共和国境外向中华人民共和国境内，或者从中华人民共和国境内向中华人民共和国境外，通过贸易、投资或者经济技术合作的方式转移技术的行为。

前款规定的行为包括专利权转让、专利申请权转让、专利实施许可、技术秘密转让、技术服务和其他方式的技术转移。

根据《技术进出口管理条例》的规定，国家鼓励先进、适用的技术进口；属于禁止进口的技术，不得进口；属于限制进口的技术，实行许可证管理；未经许可，不得进口。对属于自由进口的技术，实行合同登记管理。国家鼓励成熟的产业化技术出口。属于禁止出口的技术，不得出口。属于限制出口的技术，实行许可证管理；未经许可，不得出口。对属于自由出口的技术，实行合同登记管理。❷

《中国禁止出口限制出口技术目录》规定了具体的禁止出口和限制出口的目录清

---

❶ 陈泉. 新时代强化知识产权保护对策研究［J］. 中国发明与专利, 2018, 15（4）: 69 - 72.

❷ 参见:《中华人民共和国技术进出口管理条例》第7、9、10、17、27、29、30、36条。

单。例如，明确规定了计算机通用软件编制技术属于受管制技术。❶ 像 OIN 主要涉及软件技术，就有可能落入管理目录中，根据规定应当受到约束。而在专利开源模式中，专利实施许可是自动发生的，不再需要双方进行磋商，且被许可人可能是来自不同的国家，企业很难对每个专利许可进行有效控制。

可见，包括专利权转让、专利申请权转让、专利实施许可、技术秘密转让、技术服务和其他方式的技术转移，是受到《技术进出口管理条例》约束的。然而，我国《技术进出口管理条例》对于专利的进出口只有笼统的规定，例如，仅规定了专利实施许可的进出口受到管制，这对于一般的专利实施许可协议不难理解，比如中国企业拟与外国企业开展专利实施许可，则需要符合管制要求。但在中国企业参与国外的专利开源项目，或者中国国内企业发起的专利开源项目，有国外企业参与的情形下，根据专利开源项目的协议，企业是可以实施开源项目中的专利的，本质上构成一种事实上的专利实施许可。然而这种事实上的专利实施许可并不需要签订实体的实施许可合同，一些企业可能就会疏于管理而未履行出口管制的相关手续，而国家也因为缺乏相应的监管，导致一些技术流动违反了进出口管理规定。因此，专利开源中形成的专利技术的进出口的管理存在制度上的空白。

（2）美国的出口管制

美国的出口管制主要通过出口管制条例（Export Administration Regulations，EAR）来实现。EAR 主要规定是否能从美国出口货物到外国，以及是否可以从外国"再出口"（re–export）到另一个外国。

对于出现于专利中或公开/公布专利申请中的信息和软件，EAR 第 734.10 条规定，以下事项中包含的"技术"不受 EAR 管制：①可从任何专利局获得的专利或公开/公布的专利申请；②完全由外国"技术"编写的已公布的专利或专利申请，该申请正被送交外国发明人执行并送返美国以便随后提交美国专利商标局；③根据美国专利商标局的规定（37 CFR part 5），可在国外提交的专利申请或者对专利申请的修正、修改、补充或分割中；或④在美国提交专利申请之前或提交之后 6 个月内，为取得发明时位于美国的发明人的签名或居住在美国的共同发明人的签名，而需要送交外国的专利申请。

可见，基于目前 EAR 的规定，任何专利局获得的专利或公开/公布的专利申请中涉及的技术不受制于 EAR，而专利开源中通常是授权专利，或公布的专利申请，因此，专利开源原则上不受制于 EAR。

然而，值得注意的是，根据美国政府的需要，EAR 可随时被修改。事实上，美国也一直频频修改 EAR，这就存在由不被管制转为被管制的风险。例如，针对"公开可获得"待加密功能的源代码，按照目前 EAR 的规定，不被出口管制，但需要登记备案。如果美国将"备案即不被管制"，修改为"备案且需要被管制"，那就意味着大量核心开源软件项目将受到出口管制。对于专利开源来说，潜在的风险是：如果一个开

---

❶ 参见：《中国禁止出口限制出口技术目录》限制出口技术中软件业部分。

源项目或开源组织声明遵从美国的出口管制条例，此时一旦美国修改 EAR，将高性能软件、EDA 软件等一些核心基础技术加入管制中（这并非不可能，2018 年 11 月，美国商务部工业和安全局曾就 AI 和机器学习等新兴技术是否加入管制名单征求公众意见），则开源的相关专利也有可能成为管制对象。

5.3.1.3 我国司法管辖无法覆盖当前专利开源项目

司法管辖权又称为审判权，是指法院或司法机构对诉讼进行裁决和判决的权力。在参与专利开源项目涉及纠纷问题时，谁具有相应的司法管辖权就是通过司法途径解决纠纷时要回答的第一问题。[1] 随着全球化的推进，专利开源中的参与方可能来自不同的国家，这就增加了司法管辖权的确立难度。

在创建专利开源时，通常会有组织的注册地，那么组织确立的行为规范必然要符合其所在国相关的法律规定，包括组织规范、开源协议条款、规定的会员权利义务等。

当出现纠纷时，组织所在地通常具有司法管辖权。前面也提到，专利开源组织在国外注册较多，我国不具有优势，一旦涉及纠纷，我国法院并不必然具有司法管辖权。以我国来看，目前开源专利的权利人大多是在我国没有住所地的外国公司，涉及涉外管辖；而我国没有对涉外知识产权诉讼的管辖权问题特别作出规定，涉外知识产权侵权等相关纠纷案件管辖权的确定应当适用于《民事诉讼法》的相关规定。目前，我国最高人民法院确立的原则是适当联系原则，这延续了最密切联系地原则，即生产、研发、销售、专利实施或者我国专利的占比大，与中国具有密切联系，我国法院即拥有管辖权。

然而，如果双方协议约定了管辖，如使用网站或注册会员时，使用条款（Terms of Use）或会员条款（Membership Agreement）中指定了司法管辖权的归属，则代表合同双方只承认将指定的司法机关作出的判决作为赔偿依据。

此外，有些开源项目由开源基金会管理，这些开源组织也可能指明司法管辖权。例如 Linux 基金会中的分布式存储项目 Ceph 明确指定司法管辖权归属美国加利福尼亚州；Mozilla 基金会明确声明司法管辖权归属加利福尼亚州。因此存在潜在的风险是：如果一个开源项目或开源组织指定了司法管辖权归属于美国某法院，那么所有围绕使用条款展开的纠纷，都将以该美国法院的判决为准。

5.3.1.4 专利开源纠纷在中国司法实践中尚无判例可遵循

专利开源协议约定了许可方和被许可方的权利义务。如何理解开源协议的效力，对于专利开源有序运行就显得尤为重要。这里涉及两个方面的问题：一方面，由于开源的概念和绝大部分的开源协议都来源于国外，部分人士对于英文的开源许可协议在中国的法律效力问题始终存在疑虑。另一方面，如何理解开源协议的法律性质，以及不遵守开源许可协议可能存在何种法律后果。

然而，在实践中，就专利开源协议的理解，既没有相关法律、法规的规定，也没有相关司法案例可以遵循，专利开源的各个参与方并没有达成一致观念。所以对于开

---

[1] 陈健，陈志. 警惕开源软件风险 提升我国软件供应链科技安全 [J]. 科技中国，2021（3）：21.

源协议中涉及的权利、义务难以形成明确的预期，一旦发生纠纷，就会存在较大的不确定性，不利于相关主体维权。

5.3.2　防控措施

针对存在的以上风险，从提升专利价值、建立监管机制等方面提出以下措施建议。

（1）完善知识产权运营体系建设，警惕"专利无用论"的影响

同美国根基很深的专利制度相比，我国专利制度建立的时间并不长，根基并不牢固，国人对专利的理解并不深。2022 年，俄罗斯宣布对不友好国家进行制裁，措施之一就是非授权使用不友好国家企业的专利，无须作出任何赔偿。这样虽然没有直接废除不友好国家在俄罗斯申请的专利，但是让专利失去了有力的保障，失去了不友好国家在俄罗斯申请专利的意义。结合马斯克"专利是弱者的行为"的高调言论，让更多人会认为一个国家，取消专利制度也不会有太大影响。前面已经提到了专利制度对我国激励创新、促进经济发展和对提高企业竞争实力的重要意义。一方面要进一步完善专利制度，更好地发挥专利制度的影响，充分发挥包括专利开放许可制度、专利开源等在内各种专利运用方式的作用，从专利培育、转移转化、投融资、战略经营等方面提升专利的价值。另一方面也要警惕"专利无用论"思想的蔓延。应该清醒地认识到，根据专利免费或者低许可费交于他人使用，使特斯拉、苹果等行业巨头不再需要靠专利赚钱也能实现创新的现象，就认定专利无用，这本身是对专利制度的错误理解。专利从诞生之初就不是为了直接变现的，像专利开源、专利池等运作方式，是专利制度发展到一定阶段后产生的特殊模式，并不是专利的最基本功能和常态。专利本质就是排他权。发明创造者通过专利权来获得该技术的排他权，阻止其他竞争对手进入，从而建立市场竞争的壁垒。专利权人能够凭借专利以小博大，获得更好收益。这样整个社会就会追求创新，争夺专利权的高地，从而促进技术的发展。所以要警惕一些人通过"贬低"专利价值，来混淆视听、打击竞争对手甚至阻止我国创新的脚步。要通过加强专利宣传力度，增强全社会尊重和保护专利意识，努力营造出激励创新、善用专利制度保护自己。加速专利技术实施转化的良好氛围，提高国人对于专利的真正价值和作用的理解。

（2）健全技术进出口监管机制，建立开源专利备案制度

不断完善法律法规，确保技术出口管制法律制度与各个领域、各个环节高效衔接，形成层次分明、结构协调的技术出口管制法律制度。构建协同高效的管理体系，国家知识产权局与相关管理部门紧密合作，依法对专利开源中技术的出口实施监管，建立专利开源备案制度，制定并及时更新专利开源项目清单。对于贡献或获取的开源专利，向国家知识产权局进行备案审查。

相关执法部门开展风险防控、监督执法等相关工作。拓宽手段措施，增强执法监管威慑力。推进开源生态的合规建设，坚持"政府引导、企业为主、行业自律、多方联动"的原则，夯实法律基础，完善政策框架，开展宣传培训，推动合规建设取得积极成效。加强国际上的交流，重视多边对话和磋商，通过对话互学互鉴，促进出口管

制的国际协调。

（3）增强司法管辖的确定性

在现有法律体系下，可以通过司法解释、有指导意义的司法案例、司法实践，尽可能按适当联系的原则将专利开源纳入管辖范围内；必要时，可以考虑进一步完善管辖权立法，如借鉴美国长臂管辖中的合理部分，适当引入"最低联系原则"❶，增强中国法院处理国际纠纷的灵活性。另外，行政司法机关帮助企业提高应对能力。如果有司法管辖协定的，企业尽量避免参与；对于国内发起的专利开源项目，通过约定司法管辖将管辖权限定在国内。

（4）针对缺乏专利开源参考案例的问题，可以参考发展较为成熟的软件开源中的一些先例

专利开源与软件开源的方式较为相似，开源对象的专利和软件分属知识产权的不同类型，开展方式都是通过开源协议对开源进行管理，且开源协议中的条款具有很大的相似性。由此，可以借鉴软件开源司法案例中对开源协议的定性，这具有一定的合理性。

对于开源协议法律效力的认定，可以将专利开源中的开源协议认定为附解除条件的专利实施许可合同。这与软件开源案件"罗盒案"❷中，法院判决将 GPL 3.0 协议定性为属于附解除条件的著作权合同的思路是一致的。根据《民法典》（合同编）的相关规定，当事人对合同的效力可以约定附条件。附解除条件的合同，自条件成就时生效。解除条件成就后，合同一般情况下即时失去效力。

对于违约后责任的承担，根据"罗盒案"，违反协议的行为即触发解除条件，丧失软件的授权许可，除承担违约责任外，后续使用软件的行为将被追究侵权责任。如果将专利开源协议定性为附解除条件的专利实施许可合同，则遵循许可条款是专利实施许可的条件。如果专利使用者违反条款规定，则满足解除条件，从而使专利实施许可合同失去效力，许可的前提条件已不复存在，许可授权也将自动终止，相关使用行为也将构成侵权行为，被许可人需要承担相应的民事侵权责任。

5.4　本章小结

本章从企业、行业和国家三个层面对专利开源存在的风险进行分析，并提出针对性的风险防控措施。对于企业来说，无论加入或构建专利开源项目，在可以获取一定收益的基础上还会面临一定的法律风险和技术风险。针对以上风险需要制定企业内部

---

❶ 李凡，郜宙翔，李芮. 涉外知识产权诉讼中长臂管辖的影响与应对［J］. 中国发明与专利，2021，18（4）：66.

❷ 罗盒公司起诉玩友公司等发行、传播的"微信视频美颜版"等软件使用了其软件 Virtual App 部分代码，构成侵权。Virtual App 本身适用 GPL 3.0 协议。而 GPL 3.0 协议条款中规定，适用了 GPL 作为开源许可的软件在修改、使用、复制之后生成的衍生作品，必须依然使用 GPL 作为开源许可；若违反了这一条件，则许可证失效，衍生作品就会被判断为侵权。玩友公司等未向用户提供被诉侵权软件源代码下载服务，违反了 GPL 3.0 协议，因此玩友公司等获得的免费许可终止，其行为构成侵权。

专利开源风险防控体系，对专利开源进行评估、决策、管理和跟踪。对于行业来说，专利开源应用到具体的行业中，可能会影响行业的发展。专利开源的行业风险体现在可能会影响行业技术路径的方向，引入国外的专利开源可能对本国产业形成冲击的风险，可能形成技术垄断、妨碍竞争的风险并且开源项目权限的不透明可能会不利于行业发展的风险。针对以上风险需要加强关键核心技术的自主研发，确立健全自律性约束机制，针对中小企业提供风险应对指导和维权援助。对于国家来说，在专利开源运用过程中，可能存在国家层面的法律约束风险与制度空白点。具体表现在技术进出口管制制度对专利开源缺乏有效监管、我国司法管辖可能无法覆盖当前专利开源项目、专利开源纠纷在中国司法实践中尚无判例可遵循，以及专利开源对专利制度的挑战。针对以上风险需要构建更加完善的进出口管制机制，进一步完善司法保护体系，营造尊重知识、诚信守法、公平竞争的知识产权人文环境。

第 6 章　结论与建议

本章基于前文对专利开源发展现状和模式的分析以及专利分析的成果，对专利开源的主要论点进行归纳总结，并将前期理论与实践相结合，为专利开源提供运用战略和风险防控措施建议。

6.1　主要结论

本节从定义、与专利开放许可的关系、模式以及存在的风险四个角度对专利开源的相关研究结论进行归纳总结。

（1）专利开源的定义

经过阅读相关文献，充分分析已有的专利开源项目，并结合专利开放许可的对比分析，在与多家企业调研中深入讨论，将专利开源的定义确定为：专利开源是专利运用的一种方式，具体指专利的持有者在特定条件下，以零使用费的形式将所持有专利的部分或者全部权利允许不特定人实施，以构建目标专利生态。其中，"特定条件"是指需要满足的开源协议；"不特定人"指针对的开源对象是广泛的、开放的，这区别于一般的专利许可；"零使用费"强调的是免费的开放形式，本意是构建一种专利生态，并非获取许可费。

（2）专利开源与专利开放许可的关系

专利开源在组织形式上较为灵活，既可以采用面向社区的开源形式，即"多对多"，也可以采用个体开源的形式，即"一对多"，而专利开放许可是个体许可的形式，即"一对多"，并且需要借助行政机关。专利开源不但放弃了专利的排他权，同时也放弃了从专利许可获取收益的机会，因而专利开源的诉求是在专利之外，是通过所建立的专利生态获得收益，用以实现市场开拓、技术聚集、产品防御等诉求，专利许可只是实现上述诉求的手段；专利开放许可以获得许可费用为直接目的。专利开源由于是通过公开的要约邀请方式放弃了专利的排他权，并且受制于开源协议的条款，在未来可能存在一定的不确定性，因而对于参与者来说具有比较大的法律与技术风险，需要细致地进行风险评估；专利开放许可由于依托行政管理机关的平台，对被许可方来说法律风险较小。以上对比表明，专利开源作为一种新兴的专利运用方式，相较专利开放许可，其优势主要在于能够通过免费许可的方式迅速建立起专利生态，帮助开源主体在产业链、技术标准、专利安全等方面达到目的；其劣势主要在于存在较高的风险，需要细致地进行风险评估。

专利开源是对现有专利运用的有益补充。专利开源是构建在已有专利制度下的新的专利运用方式，可以对市场开拓、技术聚集、产品防御、社会公益和专利转化的诉求发挥独特的作用，是专利权人基于特定诉求的自发行为，且任何企业和个人都可以方便地获取开源专利信息并在遵守开源协议的前提下免费使用开源专利。这些特点决定专利开源能够作为专利开放许可制度的一种有益补充，专利权人可以根据自身诉求、结合实际情况来选择适合的专利运用方式。

（3）专利开源的模式

通过对 16 个专利开源项目的专利开源协议和专利清单进行分析汇总，根据专利开源的诉求，课题组将专利开源模式分为开拓模式、聚集模式、防御模式、公益模式和转化模式。

开拓模式：在产业形成的初期，希望通过专利开源迅速打通产业链，做大市场。这一模式通常存在于产业技术发展的初期，产业链上的技术还处于初步发展阶段，为了避免行业的同质化研发而导致的大量资源浪费，并尽快促进产业形成更有优势的技术方向，企业通过专利共享，构建了在特定行业中更加完整的专利生态，推动产业链的迅速发展，代表项目为特斯拉 2014 年的专利开源。

聚集模式：当产业存在多种技术路线时，企业通过专利开源将其他企业研发方向聚集到自身的技术路线上，形成竞争优势。这样有利于专利开源形成"虹吸效应"，推动某一特定技术方向的深入发展，特别是有利于掌握相关技术的开源主体成为行业龙头，代表项目为特斯拉 2019 年的专利开源。

防御模式：针对平台型的技术，通过专利开源吸引更多的参与者共同构建专利防御圈，使得相关产品免受专利侵权诉讼的侵扰。对于一些平台性技术，开源有利于促进其发展。然而，这些开源主体也需要自己的专利，以应对纷至沓来的专利纠纷，通过专利开源构建完整的专利防御体系，遏制日益增加的专利侵权诉讼，维持良好的合作氛围，代表项目包括 OIN、Patent Commons、Apache、GPL 等。

公益模式：出于公益的目的，专利开源可以实现绿色环保等领域专利技术的推广和运用，代表项目包括 Low Carbon、Eco – Patent Commons 等。

转化模式：针对转化率偏低的专利，专利开源这种形式，促进其成果的转化与运用，代表项目为 KIPO 项目。

（4）专利开源存在的风险

专利开源的企业风险包括法律风险和技术风险两个方面。法律风险包括开源的组织形式以及协议变动导致的风险、开源协议条款本身所存在的风险以及可能存在违反出口管制的风险，技术风险包括专利技术存在被动开源的风险、无法把竞争对手排除在外的风险、竞争对手可以在核心专利基础上二次开发的风险以及需被动接受开源项目的技术路线的风险。

专利开源的行业风险体现在四个方面：一是专利开源可能会影响行业技术路径的方向，当专利开源引领的技术路线随着技术发展、政策变化等因素被证实有所偏差甚至是错误时，可能会阻碍行业的发展；二是引入国外的专利开源可能对本国产业形成冲击，部分国内企业可能会因为依赖专利开源而减少对后续或者其他专利技术的研究；

三是可能形成技术垄断、妨碍竞争，通过专利开源建立的行业技术标准存在形成限制竞争目的的非法垄断的可能性；四是开源项目权限的不透明可能会不利于行业的发展。

专利开源的国家风险体现在专利开源运用过程中，可能存在国家层面的法律约束风险与制度空白点，具体表现在四个方面：一是技术进出口管制制度对专利开源缺乏有效监管，一些企业可能因疏于管理而未履行出口管制的相关手续，而国家也因为缺乏相应的监管，导致一些技术流动违反了进出口管理规定；二是我国司法管辖可能无法覆盖当前专利开源项目，在需要通过司法途径解决纠纷时增加了司法管辖权的确立难度；三是专利开源纠纷在中国司法实践中尚无判例可遵循，一旦发生纠纷，就会存在较大的不确定性，不利于相关主体维权；四是虽然专利开源不会对专利制度造成冲击，但是由此引发的"专利无用论"会对社会公众认知造成错误的引导。

6.2 专利开源战略

对于企业和行业来说，是否需要专利开源、如何进行专利开源，是在专利开源过程中面临的关键问题。课题组在深入研究已有的专利运用方式相关成果的基础上，结合前期对 16 个专利开源项目的充分调研和分析，得出我国适合进行专利开源的企业和行业，并为适合开源的企业和行业提供相应的开源战略。同时，对于国家而言，专利开源是我国现有专利制度下的一种新的专利运用方式，可适当对专利开源提供支持和引导，从而保障我国专利开源的良好运行，以促进技术创新和产业发展。

6.2.1 企业层面

企业的专利开源战略主要包括两个方面：一是根据自身的需求参与构建专利开源项目；二是根据自身的需求加入已有的专利开源项目。以下分别对"构建"和"加入"专利开源项目提出建议。

（1）构建专利开源项目

发起专利开源项目的先决条件是企业本身需要具备一定的专利储备。如果具备上述条件，则可依据以下流程进行专利开源项目的构建：创新主体首先需要确定自己的需求，即想要达到的目的，其次根据自身的条件选择符合需求的开源模式，再选择专利开源项目对应的基本要素。基本要素包括：开源主体、专利开源范围、许可对象范围、许可承诺类型、许可期限、协议类型、使用目的限制和协议关键条款。开源主体可以是组织、个人或者国家；专利开源范围可以是全部专利，也可以是在开源组织内部的专利池，还可以是产品；许可对象范围可以是开源社区的内部成员，或者对全球范围内完全开放，但某些开源项目的许可对象范围具有国家限制；许可承诺类型包括单方许可和明示同意两种；许可期限可以是有期限或者无期限；协议类型包括通用协议和定制协议；使用目的的限制可以是有限制或者无限制；协议关键条款包括病毒条款、反向许可条款、有限不主张条款、无限不主张条款可再专利性条款、权利用尽条款、违约终止条款、转让限制条款等。

（2）加入专利开源项目

创新主体在加入已有的专利开源项目时可以从以下几个方面进行考虑：第一，分析该开源项目的目的性是否满足需求；第二，分析该开源项目所开源的专利是否满足需求；第三，充分分析许可证下的权利和义务，评估该开源项目所带来的法律风险能否接受。开源专利的分析，主要包括开源专利的影响力、持续性、价值度、地域分布以及与竞争对手的分析等；对于法律风险评估，主要从病毒条款、反向许可条款、不主张条款、可再专利性条款、权利用尽条款、违约终止条款以及转让限制等多个角度开展。

6.2.2 行业层面

（1）适合专利开源的行业

当行业内的互补技术复杂程度低并且技术整合能力低时，业内的企业应侧重专利保护与防御，专利开源并非最佳选择，而是应该以自由、不干预的方式，由市场进行技术研发方向的调节；当行业内的互补技术复杂程度高但行业技术整合能力低时，行业应当组建专利池或者建立专利开源项目，由此实现技术互补，吸引行业内企业积极参与，有效地将同行业内的互补技术聚集起来，推动行业内企业合作；无论行业内的互补技术复杂程度高低，当行业技术整合能力高时，行业专利策略应避免开源，建立专利联盟或者专利池，通过专利池整合专利技术，保证行业全链条的高质量发展，建立技术标准，获得技术发展方向的控制和垄断优势，形成高效协调创新生态系统。

（2）我国重点行业的专利开源建议

半导体行业和新能源汽车行业的产业链均具有专业化分工的特点，符合互补技术复杂程度高、行业技术整合能力低的特征，适合通过面向国内专利开源的方式实现市场开拓和技术聚集；软件开发行业受到国外开源社区的诸多限制，有必要成立我国本土的专利开源项目；化工行业的上中下游不同企业之间的关联度高，电力传输行业的技术聚集在下游企业手中，这两个行业的行业整合能力强，不适合进行专利开源。以下针对适合进行专利开源的行业提出针对性建议。

针对半导体行业，具体建议包括：一是在上游 IC 设计环节，建议国内 IC 设计厂商依托现有的 OpenEDA 开源平台，创立专利开源相关模块或单元，面向国内 IC 行业实现 IC 设计软件及相关专利技术的共享，进一步提高 IC 设计效率，缩短研发周期；二是在下游 IC 封测环节，建议国内封装的龙头企业通过组建开源社区等方式进行相关封装技术的专利开源，促进国内行业技术发展方向从传统封装技术到先进封装技术的过渡。

针对新能源汽车行业，具体建议包括：一是建议我国新能源汽车行业协会联手行业的重要企业构建以技术聚集和产品防御为目的的新能源汽车专利开源项目，实现国内新能源汽车专利技术的聚集，共同防御国外新能源汽车企业对我国企业造成专利侵权纠纷的侵扰；二是通过技术聚集的方式共同形成电动汽车方面的技术标准，同时共同形成一个全系列通用的纯电动汽车框架平台。

针对软件开发行业，具体建议包括：一是我国软件行业依托开放原子开源基金会组织创新主体构建专利开源项目，共同协作开发以形成该项软件技术的良好技术生态；二是软件开发专利开源项目在日常的运营中借助开放原子开源基金会提供开源战略咨询、开源管理咨询、开源法律咨询、开源活动策划和开源品牌推广等服务。

（3）行业层面专利开源项目的构建

针对行业构建的专利开源项目，提出以下几点建议：一是成立专利开源项目的管理机构，对开源项目进行日常的维护和管理，评估主要专利，构建开源项目的运行框架和规则；二是选择合适的专利开源模式，根据行业当时的发展阶段和诉求选择五种专利开源模式中的开拓模式、聚集模式、防御模式、公益模式或转化模式之一；三是制订并完善专利许可协议，包括加入形式、许可形式、许可对象、许可范围、被许可人的权利和义务等，以及"不主张条款"和"终止条款"等；四是扩充专利开源项目成员，吸引专利权人贡献其专利技术，并要求在提交专利的同时将该项专利所必需的材料和技术说明一并提交，履行相关的信息披露义务；五是对专利权人贡献的专利进行价值度的评估，以确定其是否是重要专利以及专利权人贡献度的大小，同时保证开源专利质量；六是建立有效的成员协商机制，使项目成员之间可以形成网络交互式协商结构，通过信息化平台、讨论会等方式实现成员之间的知识交流与信息共享，以促进行业的快速发展。

6.2.3　国家层面

（1）专利开源是对现有专利运用的有益补充

专利开源能够作为专利开放许可制度的一种有益补充，专利权人可以根据自身诉求、结合自身实际情况来选择适合的专利运用方式。

① 专利开放许可是提高专利转化率的优选途径，专利开源是提升企业技术和市场影响力的有益助力。对于能够预期到发展前景较好的技术而专利权人不具备产业化能力，专利开放许可能够成为实现技术供需双方的合作交流的桥梁，并且合理的许可费用能够进一步激发专利权人的创新活力，这种模式尤其适用于高校研究成果转化。对于一种新的技术路线，未来的发展前景往往难以预期，此时可借助专利开源或者免费的开放许可来吸引其他企业和个人，使得其能够以相对低的投入来尝试新技术，从而实现市场开拓和技术聚集；其中，由于专利开源通常在开源协议中附加"不主张"等关键性条款，因此在实际运用中使用更加广泛。

② 专利开放许可仅适用于个体，专利开源是创新组织进行技术共享的有效策略。通常情况下，专利开放许可的主体仅仅是个体，且对被许可人没有限制，任何单位或者个人有意愿实施开放许可专利的，以书面方式通知专利权人，并依照公告的许可使用费支付方式、标准支付许可使用费后，即获得专利实施许可。专利开源的主体还可以是创新组织，组织内的全部开源专利仅对内部成员免费开放，这种形式的专利开源已被证明是一种进行产品防御、解决"专利丛林"问题的有效策略。

③ 专利开放许可和专利开源均可助力于社会公益项目。与低碳环保、气候变化等公益活动相关的专利开源项目通常没有相应的开源许可规则加以限制，因此专利权人

出于社会责任感，可以将与社会公益相关的专利通过免费的专利开放许可或者专利开源向全社会开放，推动人类社会的和谐发展。

（2）国家层面专利开源战略建议

目前，我国缺乏针对开源专利的法律制度。为保障专利开源良好运行，结合我国现有法律制度，建议从政策、环境、体系三个方面制定我国专利开源战略。

① 完善专利开源政策。一是鼓励特定行业专利开源，促进产业发展。对于行业技术整合能力较低、行业互补技术的复杂程度较高的行业以及专利转化率低的国内非优势行业，国家可适当鼓励专利权人进行专利开源，从而通过技术共享带动行业技术整合，提升专利转化率。对于鼓励专利开源的行业，建立可持续的专利开源激励机制。二是完善专利开源的相关法律法规。建议在《专利法》和《民法典》中对专利开源协议进行规范，明确专利开源的方式、程序、期限、撤回、纠纷等，规范专利权人和专利使用方的行为，保障双方合法权益。

② 优化专利开源环境。一是支持国内创立专利开源组织。政府可适当积极引导国内专利开源组织建设，提供相关的政策支持和经费帮助。通过政府指导，提高专利开源组织的运营管理能力，同时必须加强相应的管控。二是促进专利开源项目交流。借鉴软件开源发展经验，国家可支持举办专利开源峰会活动，为国内外开源相关方搭建交流合作平台，积极宣传开源文化，营造良好的开源生态。通过交流平台，及时发现专利开源过程中存在的问题，为专利开源政策制定提供参考。

③ 健全专利开源体系。一是搭建全国性的专利开源信息平台，提供专利开源配套服务。国家可搭建全国性的专利开源信息平台，将平台上的所有开源专利按照行业、技术领域等进行分类，便于技术需求方进行查询，同时允许专利权人附加额外的专利附属文件，对于开源专利中未披露的具体应用实施方式、相应的配套设备等进行补充说明。二是设立专利开源研究和咨询机构，完善专利开源评估体系。国家可设立专利开源研究和咨询机构，邀请技术、知识产权和法律专家组成专家库，为专利开源项目提供技术发展和行业趋势分析，并对专利开源项目中会面临的知识产权和法律相关问题给出意见和建议。三是建立专利开源纠纷协商与解决机构，健全专利开源保障体系。国家可以建立专利开源纠纷协商与解决机构，对于专利开源产生的法律纠纷进行调解与仲裁，探索在现行法律体系下对专利开源参与各方合法权益的保护方法，减轻各方对于专利开源的法律风险顾虑，从而促进专利开源这种创新模式的运用，最大化发挥专利开源对我国技术和产业发展的推动作用。

6.3　风险防范措施

专利开源从无到有，从初步探索到不断完善，提供了新的专利转化运用模式，在促进专利价值最大化、激励创新等方面发挥了一定的作用。中国想要建立更高水准的开放型经济新体制，在新的世界变局中推动高质量发展，需要进一步探索更多元化的专利运用模式。一方面，完善开源知识产权和法律体系，鼓励、推动创新主体运用专利开源谋求利益最大化,促进专利开源发挥对行业创新发展的有力助推作用,有利于进一步完善知识产权制度体系;另一方面,要防范专利开源中的风险,采取合理的防控措施,使专利开源在一定规制下健康运行。

6.3.1 企业层面

企业可以建立企业风险防控体系,提高筛查、识别、应对专利开源风险的能力。企业需要制定内部专利开源管理规范,构建企业内部专利开源风险防控体系,加强内部的开源管理。在参与或发起开源项目前全面评估风险,针对可能出现的风险制定合理应对策略,如技术规避、寻求合作等方式降低风险。

企业需要为专利开源提供足够的资源支持。建立至少由技术专业人士、开源专业人士、法律专业人士组成的专利开源部门;设立专利开源的经常性预算科目,提供资金支持;建立完善的管理体系,包括建立含有开源专利列表、专利出处、开源协议、评估风险等内容的开源项目清单;建立用于识别、跟踪、审查、批准和归档开源专利出处、开源协议、评估风险等内容的记录流程;设置经常涉及的开源协议使用案例及对应的处理方法。

参与开源项目前,对可能涉及的法律风险事项进行全面评估。参与开源项目之后进行持续的跟踪记录和评估。在发起开源项目时,根据自身的目标与条件对可能发生的风险进行充分评估,并通过开源项目组织架构与协议条款的设计对不能承担的风险进行规避。在使用开源专利或对外进行专利开源过程中需要对可能产生的法律纠纷以及出口管制风险进行筛查、识别,并设置相应的应对策略以规避风险。做好开源的专利技术的事先评估、筛选和事中跟踪,减少专利技术的被动开源对企业产生的不利影响。

在发起开源项目时,需要根据自身的诉求对开源专利列表进行筛选,涉及企业核心技术可以有选择性地开源或采取其他形式进行保护,以防范竞争对手获取完整的核心技术。也可以在设置开源协议时设置相应的条款以防范可能发生的风险,例如,通过设置可再专利性条款对开源专利的再专利进行防范。避免过分依赖开源专利技术,注重关键技术的自主研发,减少后期开源断供带来的不确定性风险。

6.3.2 行业层面

行业层面,可以从提升核心技术研发实力、强化监管,加强主导等方面强化风险防控。

加强关键核心技术的自主研发。发挥行业资源集中的优势,完善开放式协同创新和联合攻关机制,提高研发成效和科技攻关能力。全面判断国际国内形势,统筹考虑发展需求,在强调技术先进性的同时要兼顾技术的多样性,采用多层次技术和多样化技术路径来降低单一技术路径开发和运用的风险。可以借鉴国外专利开源的经验,针对适合专利开源的行业,探索在国内建立自己的专利开源项目,探索特定行业专利开源的运用实践。

行业协会要引导成员企业在专利开源项目中以诚实信用为原则行使专利权，建立健全自律性约束机制，加强技术过于聚集时的监管，避免技术垄断。政府可以设置专门机构负责对专利开源项目的定期跟踪与评估，对可能出现的技术垄断做好预判，并及时采取有效措施来阻止垄断发生。建立中小企业风险应对指导和维权援助体制机制，发挥政府主导或者行业主导的作用，提升中小企业应对风险的能力。

6.3.3　国家层面

国家层面可以从建立监管机制、完善制度体系、提升专利价值等方面制定风险防控措施。

建立健全监管机制，将专利开源风险，特别是技术进出口管理纳入监管范围。完善法律法规，确保技术出口管制法律制度与专利开源各个环节的有效衔接。

构建协同高效的管理体系。国家知识产权局与相关管理部门紧密合作，依法对专利开源中技术的出口实施监管，建立专利开源备案制度，制定并及时更新专利开源项目清单，对于贡献或获取的开源专利，向国家知识产权局进行备案审查。加强对专利开源纠纷的司法管辖权。尽可能按适当联系的原则将专利开源纠纷纳入管辖范围内；必要时，可以考虑进一步完善管辖权立法，如借鉴美国长臂管辖中的合理部分，适当引入"最低联系原则"。探索在法律法规中明确专利开源协议的法律效力，为解决专利开源协议相关的争议纠纷提供法律依据。

完善知识产权运营体系建设，警惕"专利无用论"的影响。建设激励科技创新，推动高质量发展的专利运行休制，推动专利的转移转化；加强宣传力度，打造知识产权文化传播矩阵，增强全社会尊重和保护专利意识，努力营造出激励创新、善用专利制度保护自己、加速专利技术实施转化的良好氛围。

6.4　本章小结

本章首先对专利开源的相关研究成果进行归纳总结，根据专利开源的定义将专利开源与专利开放许可制度进行比较，指出专利开源是构建在已有专利制度下的新的专利运用方式，可以对市场开拓、技术聚集、产品防御、社会公益和专利转化的诉求发挥独特的作用，是对我国专利开放许可制度的有益补充，需要通过制定合理的专利开源战略，从而促进行业发展。其次，对专利开源战略和风险防控措施作出进一步梳理，从企业、行业和国家三个层面提出了专利开源战略和风险防控建议。

附 件　协议异同分析表

目的/组成/许可	模式属性	OIN	Patent Commons	Apache	GPL 3.0	Mozilla (MOSPL)	木兰宽松	KIPO	Low-Carbon	Eco-Patent Commons	BIOS	WIPO Re:Search	BioBricks 生物砖	DPL	BDPL	特斯拉	大金公司
目的	社会公益																
	专利转化							√					√				
	技术聚集															√	√
	产品防御	√	√	√	√	√	√			√				√	√		
	市场开拓														√	√	
组成形式	组织	√	√	√	√	√	√		√	√	√	√	√	√	√		
	国家机构							√									
	个体															√	√
许可对象范围限制	社区	√	√	√	√	√	√				√	√	√	√	√		
	完全开放								√	√						√	√
	国家限制							√									
技术领域限制	有限制	√	√	√	√	√	√			√	√	√	√	√	√		√
	无限制							√	√							√	

续表

模式属性		OIN	Patent Commoms	Apache	GPL 3.0	Mozilla (MOSPL)	木兰宽松	KIPO	Low-Carbon	Eco-Patent Commoms	BIOS	WIPO Re:Search	BioBricks生物砖	DPL	BDPL	特斯拉	大金公司
协议类型	统一协议	√		√	√	√	√	√		√	√		√	√	√		
	原则性规范											√				√	√
	单独协议		√						√								
许可承诺	单方允诺		√	√	√	√	√	√	√							√	√
	明示同意	√								√	√	√	√	√	√		
许可期限	无期限	√	√	√	√	√	√			√	√	√	√	√	√	√	√
	有期限							√	√								
协议条款	不主张条款	√		√		√	√		√	√	√	√	√	√	√	√	√
	违约终止条款	√		√		√	√	√	√					√	√	√	√
	权利用尽条款	√			√								√				
	转让限制条款											√				√	
	可再专利性条款	√									√						
	反向许可条款					√					√						
	病毒条款				√												